**경제 지식이
부자를 만든다**

경제 지식이 부자를 만든다

고경호 지음

프레너미
FRENEMY PUBLISHING

부자의 기회에 관하여

KB경영연구소가 발표한 '2014년 한국부자보고서'에 따르면 2013년 기준 우리나라에서 금융자산을 10억 원 이상 보유한 부자의 수는 약 16만 7000명이며 그들이 보유한 금융자산은 1인당 평균 22억 원이다. 우리나라의 부자들이 가진 총자산 중 부동산이 차지하는 비중이 보통 60% 이상인 점을 고려하면 부동산과 금융자산 등을 전부 합한 부자들의 총자산 규모는 1인당 평균 50억 원이 넘을 것으로 짐작해볼 수 있다.

과연 그들은 어떤 방법으로 그렇게 많은 자산을 축적할 수 있었던 것일까? 동 보고서에 따르면 우리나라의 부자들이 자산을 축적하는 데 활용했던 주된 투자 수단은 부동산이다. 현재의 부자들은 대부분 1980~1990년대 부동산의 가격이 급등했던 고도성장기에 왕성하게 경제활동을 하면서 자산을 축적한 세대다. 부자들의 이야기만은 아니다. 그 시기에 젊은 시절을 보낸 사람들은 적극적으로 부동산 투자를 하지 않더라도 내 집 마련을 한 뒤 면적이 넓은 집으로 두세 번 갈아타기만

했어도 자산을 크게 증식할 기회가 있었다. 사실 그 시기에는 은행에 저축만 열심히 해도 연 10%가 넘는 고금리 이자를 받을 수 있었기 때문에 부동산 투자를 하지 않더라도 자산을 크게 증식할 기회가 있었다 (연 10%의 이자율로 은행에 예금을 하면 7년 뒤에는 예금액이 2배로 커지며 14년 뒤에는 4배로 커진다).

하지만 그처럼 꿀단지 같은 시대는 물 건너간 지 오래다. 최근 우리나라의 경제는 저성장 국면에 돌입했으며 부동산의 주된 수요층인 30~40대 인구는 감소 추세다. 은행의 예금금리는 2%대로 떨어져 이제 1%대 진입을 바라보고 있으며 부동산 시장은 장기간 침체를 벗어나지 못하고 있다. 이제 은행 예금은 돈을 보관하는 금고로서의 기능과 투자 위험을 회피하거나 분산하기 위한 안전자산의 기능만이 남아 있을 뿐이다. 또한 부동산에 대한 사람들의 인식 변화와 인구구조의 변화 등으로 인해 향후 부동산 가격의 가파른 상승을 기대하기 어렵다는 게 중론이다.

과거 대한민국에서 자산을 축적하는 데 가장 효과적이었던 두 가지 수단, 즉 고금리 예금과 부동산은 더 이상 보편적인 자산 증식의 수단으로써 큰 역할을 하기 어려워졌다. 그렇기 때문에 2000년 이후에 경제활동을 시작한 젊은 세대가 자산을 축적할 수 있는 기회는 이전의 세대에 비해 상당히 축소되었다. 하지만 그렇다고 기회가 전혀 없는 건 아니다. 아무리 열악한 경제 상황이라도 자산 축적의 기회는 늘 존재하기 마련이다. 이 책은 바로 그 '자산 축적의 기회'에 관한 이야기다. 고금리 예금과 부동산을 대신해 당신이 자산의 크기를 도약시킬 수 있는 투자의 기회가 어떤 모습을 하고 있는지 상세히 밝혀두었다.

또한 당신이 그 기회를 잡기 위해서는 무엇을 알아야 하며 무엇을 준비해야 하는지도 일러두었다. 경제 및 투자에 관한 현상과 이론을 최대한 쉽게 풀어쓰기 위해 원고를 지우고 다시 쓰기를 숱하게 반복했기 때문에 경제 및 투자에 관한 지식이 전혀 없는 독자도 책장을 끝까지 넘기는 데 어려움이 없을 것이다.

나는 《4개의 통장》《나는 3개의 카드로 목돈을 만든다》 등 몇 권의 저서를 통해 효과적으로 돈을 관리하는 방법에 대해 이야기한 바 있다. 금융전문가가 아닌 한 개인의 입장에서 말하면 나는 위험이 높고 불확실한 고수익을 좇기보다는 땀 흘려 번 소중한 돈을 잘 지키며 관리하는 게 가장 좋은 재테크 방법이라고 생각한다. 왜냐하면 '수익률'은 나 자신의 통제 영역 바깥에 있지만 '관리'는 나의 손아귀 안에 있기 때문이다. 즉, 나의 의지에 의해 통제 가능한 관리의 영역에 우선적으로 관심을 갖고 행동하는 게 바람직하다고 생각한다.

평소에 돈 관리를 소홀히 하는 사람은 하루아침에 큰돈을 벌더라도 그 돈이 오랫동안 수중에 남아 있기 어렵다. 이런 나의 생각 때문에 그동안 집필한 저서들의 키워드는 '계획'과 '시스템'이었다. 목돈을 마련하려면 계획적으로 돈을 관리해야 하며 그렇게 모은 소중한 돈이 모래성처럼 쉽게 흩어지지 않도록 잘 지켜야 한다는 것을 강조해왔다. 그리고 이를 습관화하기 위해 '4개의 통장 시스템'과 '3개의 카드 시스템'을 활용할 것을 제안했다.

그런데 《4개의 통장》을 출간한 이후 수년 동안 나는 경제 분야의 작가로서 심한 목마름 같은 것을 느껴왔다. 왜냐하면 4개의 통장 시스템은 새는 돈을 줄이고 목돈을 마련해 나가는 데 효과적인 수단인 것은 분명하지만 사람들의 마음 한 켠에 엄연히 잠재하고 있을 고수익에 대한 욕망을 실현할 수단은 아니기 때문이다. 그래서 《4개의 통장》에서 무엇인가 중요한 것이 빠졌다는 느낌을 늘 갖고 있었다. 그런 고민 끝에 시스템과 관리의 틀 안에서 고수익에 대한 욕망을 실현할 수 있는 책을 쓰기로 마음먹었다. 그리고 산통 끝에 이렇게 결실을 맺었다. 많은 독자들이 이 책을 지렛대 삼아 부자의 반열에 한 계단 올라서기를 간절히 바란다.

고경호

| contents |

① 이 책은 기출간된 〈고경호의 경제사용법〉의 개정판입니다.

② 이 책을 효과적으로 읽는 방법은 우선 1장부터 3장까지 읽은 후 마지막 4장을 읽기 전에 1장을 한 번 더 읽는 것입니다. 처음부터 끝까지 한 번에 읽는 것보다 책의 이해도가 더 높아질 것입니다.

책 읽는 순서 : 1장 ⇨ 2장 ⇨ 3장 ⇨ 1장 ⇨ 4장

③ 책에서 별도의 설명 없이 '금리'라고 하면 시장금리(예금금리, 대출금리, 채권금리 등 금융시장에서 자금의 수요와 공급에 따라 결정되는 금리)를 포괄하는 개념입니다. 또한 별도의 설명 없이 '주가'라고 하면 코스피지수를 말하는 것이며, 별도의 설명 없이 '환율'이라고 하면 원–달러 환율을 말하는 것입니다.

부자가 되는 기회의 법칙

누구에게나
부자가 될
기회가
찾아온다

왜 우리는 부자의 기회를
발견하지 못하는가

1980년 이후 우리나라는 약 10년마다 심각한 경제위기를 겪었다. 알다시피 가장 최근의 위기는 2007년 미국의 서브프라임모기지subprime mortgage(저신용자의 주택담보대출) 부실 사태에서 비롯된 글로벌 금융위기였다. 지난 수십 년 동안 우리나라가 경제위기를 겪을 때마다 재테크에 나섰던 많은 사람이 땀 흘려 모은 돈의 상당량을 잃어버렸다. 재테크에 적극적으로 나서진 않았더라도 금융회사 직원의 권유로 무심결에 펀드나 파생상품 등에 투자했던 사람들 역시 많은 돈을 잃어 크게 상처를 받았다. 안타깝게도 경제위기 때마다 금융시장에서는 이런 일이 정말 똑같이 반복되었다.

그런데 다른 한편에서는 경제위기 때마다 자산의 크기를 몇 배나 키운 사람들이 있었다. 그런 사람들이 비록 소수이긴 했지만 같은 국가에서 같은 시기에 똑같이 경제위기를 겪었는데 어떻게 그들은 돈을 잃지 않았을 뿐 아니라 자산을 몇 배나 키울 수 있었던 것일까?

그 이유는 경제위기가 자산을 크게 증식할 수 있는 기회를 동반하기 때문이다(이후로 이를 '부자의 기회'라고 하겠다). 하지만 대다수의 사람은 그런 기회가 있는지조차 모르는 경우가 많다. 왜냐하면 그것이 경제위기 안에 숨어 있어 눈에 잘 띄지 않기 때문이다. 부자의 기회는 사람들이 일반적으로 현상을 보는 것과 다른 시각에서 관찰해야 발견할 수 있다. 무슨 말인지 쉽게 이해가 되지 않는다면 잠시 아래 그림을 보자.

〈나의 아내와 어머니My Wife and My Mother-in-Law〉,
《퍽Puck》, W. E. Hill, 1915.

당신도 이 유명한 그림을 한 번쯤 본 적이 있을 것이다. 100년 전 미국의 한 잡지에 실렸던 이 그림은, 처음 보면 고개를 오른쪽으로 돌리고 있는 젊은 여성의 모습만 보인다. 하지만 유심히 들여다보면 젊은 여성의 모습 안에 숨은 노파의 모습을 볼 수 있다. 하나의 그림이지만 시각에 따라 젊은 여성과 노파, 전혀 다른 두 인물을 볼 수 있는 것이다. 그런데 이 그림을 처음 보는 사람들은 대부분의 경우 누가 옆에서 노파의 모습에 대해 설명해주지 않으면 잘 알아채지 못한다. 왜냐하면 사람들은 어떤 사물이나 현상을 바라볼 때 눈에 보이는 것만 인식할 뿐 현상에 가려진 다른 무엇이 있을 것이라고는 좀처럼 생각하지 않기 때문이다.

부자의 기회 역시 경제위기와 함께 짝을 지어 다니지만 그것이 위기의 모습 안에 숨어 있기 때문에 그림 속 숨겨진 노파의 모습처럼 인식하기 힘들다. 하지만 조금 다른 각도에서 경제위기를 관찰하면 그 안에 숨은 부자의 기회를 발견할 수 있다.

그들은 어떻게
기회를 이용했는가

경제는 특정한 상태에 머물지 않고 끊임없이 변동하는데 이러한 경제의 움직임을 '경기'라고 한다. 그리고 경기의 변동은 금리, 주가, 환율 등 경제지표의 변동에 영향을 미친다.

경기가 변동하는 과정에서 경제지표가 움직이는 실제 모습은 경제 이론과는 상당한 차이를 보이는 경우가 많다. 예를 들어 이론대로라면 금리가 오를 경우 환율이 떨어져야 하지만 환율이 금리와 함께 동반 상승하는 경우가 비일비재하며, 금리가 떨어지면 주가가 올라야 하지만 주가가 금리와 함께 동반 하락하는 경우 역시 흔히 볼 수 있다. 한국은행이 기준금리를 인하하면 시중에 유통되는 통화량이 증가하고 물가가 올라야 하지만 물가의 오름세가 오히려 약해지는 경우도 있으며, 기준금리를 인상했는데 통화량이 감소하지 않고 증가하는 경우도 있다. 그때마다 경제 전문가들은 갖가지 해석을 쏟아내지만 그들의 주장이 맞는지 틀린지는 검증하기 어렵다.

　게다가 경제지표는 얽히고설킨 세계경제 속에서 해외시장의 경기와도 영향을 주고받기 때문에 언제 어디로 튈지 모르는 고무공과도 같은 움직임을 보인다. 그래서 경제이론의 색안경을 쓰고 실제 경제 현상을 이해하려고 하다 보면 혼돈에 빠지기 십상이며 그에 따라 투자 결정을 하게 되면 잘못된 선택을 하게 될 가능성이 매우 높다.

　그런데 지난 수십 년 동안 우리나라의 경기가 어떤 특정한 국면을 지날 때면 금리, 주가, 환율 등 주요 경제지표의 움직임이 규칙성을 갖고 매우 유사한 형태로 반복되는 현상을 보였다. 그 특정한 시기에는 경제지표의 움직임이 '수요와 공급의 법칙'이 전부라고 해도 과언이 아닌 현대의 경제이론과도 상당히 잘 맞아떨어졌다. 무엇보다 중요한 것은 향후에도 우리나라의 경기가 그 특정한 국면을 지날 때마다 주요 경제지표들이 과거에 보여왔던 규칙성에 따라 유사한 형태의 움직임을 반복하게 될 가능성이 매우 높다는 것이다.

　물론 사실이 그렇더라도 우리가 미래를 정확히 예측하는 일은 불가능하다. 하지만 경기가 그 특정한 국면을 지날 때마다 반복적으로 나타나는 경제 현상을 이해하고 그것을 투자의 기회로 활용한다면 우리가 감수해야 하는 위험의 크기를 제한하면서도 상당히 높은 수준의 수익률을 얻을 수 있을 것이다. 위험과 수익률은 비례 관계에 있다는 '하이리스크 하이리턴'(고위험 고수익)의 대원칙을 결코 거스를 수는 없겠지만 제한된 위험 범위 내에서 통상적인 수준을 월등히 뛰어넘는 높은 수익률을 얻는 건 가능하다는 뜻이다.

위험은 불확실성 때문에 생기는 것이다. 일반적으로 은행에 예금을 하면 위험이 없다고 말하는 이유는 원금이 보장되고 은행에 돈을 맡긴 뒤 만기 때 받게 될 이자가 얼마인지 정확히 알 수 있기 때문이다. 즉, 은행의 예금은 원금과 이자에 대해 불확실성이 없기 때문에 위험이 없다고 말할 수 있다. 반면에 우리가 주식이나 펀드에 투자하면 위험이 높다고 말하는 이유는 원금이 보장되지 않을뿐더러 나중에 받게 될 이자(수익)가 얼마인지 또는 손해가 생긴다면 그게 얼마인지 미리 알 방법이 없기 때문이다. 즉, 주식이나 펀드는 불확실성이 크기 때문에 위험이 높은 것이다. 정리하면 불확실성이 적을수록 위험이 낮고 반대로 불확실성이 클수록 위험이 높다.

그런데 만약 우리가 경제지표의 움직임을 구체적으로 전망할 수 있고, 그 전망을 바탕으로 투자를 한다면 어떨까. 그만큼 불확실성이 줄어들기 때문에 위험이 통상적인 수준 아래로 떨어질 것이다. 특히 금리, 주가, 환율 등의 움직임을 전망할 수 있다면 우리가 얻게 될 수익률은 통상적인 수준을 월등히 초과하게 될 것이다.

하지만 다시 한 번 강조해서 말하면 우리가 미래를 정확히 예측하는 것은 불가능하다. 게다가 금리, 주가, 환율 등 주요 경제지표는 예측 불허의 움직임을 보이는 경우가 흔하기 때문에 내가 당신에게 전망 운운하는 것조차 조심스럽다. 그럼에도 불구하고 우리나라의 경기가 어떤 특정한 국면을 지날 때마다 유사한 경제 현상이 규칙성을 갖고 반복되었기 때문에 앞으로도 그럴 가능성이 매우 높다고 가정한다면, 향후 경기가 또다시 그 특정 국면에 이르게 될 때 우리는 미래를 예측하려는 허황된 노력을 하지 않고서도 금리, 주가, 환율 등의 움직임을 비교적 구체적으로 전망할 수 있을 것이다. 그리고 그 규칙성 때문에 우리에게 제한된 위험을 감수하면서도 통상적인 수준을 월등히 초과하는 높은 수익률을 얻게 될 기회가 생길 것이다. 이것이 바로 경제위기 속에 숨은 부자의 기회다.

위기에서
기회를 읽는 방법

　나는 이제부터 경제위기 안에 숨은 부자의 기회가 어떤 모습을 하고 있는지, 당신 앞에 그것의 민낯을 공개하려고 한다. 그뿐 아니라 향후 우리나라가 또다시 경제위기를 겪을 때 당신이 땀 흘려 저축한 돈을 잃어버리는 대신 자산의 크기를 도약시킬 수 있는 투자 방법도 제시할 것이다.

　부자의 기회, 즉 2007년의 글로벌 금융위기나 1997년의 외환위기와 같은 심각한 경제위기는 코스피지수가 출범한 1980년 이후부터 지금까지 10년에 1번 정도의 주기로 찾아왔다. 그러니까 지난 30여 년 동안 기회가 3번 있었다. 부자의 기회가 자주 찾아오진 않지만 그것은 제한된 위험 범위 내에서 매우 높은 수익률을 얻을 수 있는 호기였다. 확신컨대 당신과 내가 평생을 살아가는 동안 우리나라는 2007년의 글로벌 금융위기나 1997년의 외환위기에 준하는 심각한 경제위기를 몇 번이고 다시 겪을 것이다. 이는 앞으로도 자산을 크게 증식할 수 있는 부자의 기회가 반복해서 우리에게 찾아올 것임을 뜻한다. 그 기회가 비록 일생 동안 다섯 손가락으로 셀 수 있을 만큼 적은 횟수로 찾아올 것이지만 당신이 한두 번만 그것을 제대로 낚아챈다면 비교적 짧은 기간 동안 자산을 큰 덩어리로 키울 수 있을 것이다.

그렇다면 당신이 부자가 될 몇 안 되는 기회를 놓치지 않기 위해선 어떻게 해야 할까. 먼저 오늘부터 다음의 세 가지를 준비해야 한다.

부자의 기회를 위한 세 가지 준비

❶ 경제위기 안에 숨은 부자의 기회를 알아보는 데 필요한 경제지식

❷ 경제위기 때 위험을 관리하면서 고수익을 추구하는 데 필요한 투자지식

❸ 부자의 기회를 잡는 데 필요한 기회자금

지금부터 나는 당신이 이 세 가지를 준비할 수 있도록 한 걸음씩 안내할 것이다.

부자의
기회는
규칙성을
갖고 있다

그때마다
되풀이됐던 일들

위기 속에 기회를 읽기 위해서는 위기의 순간에 어떤 일들이 일어나는지를 먼저 알아둘 필요가 있다. 그래야 그 현상에서 어떤 지점에 기회가 숨어 있는지를 알 수 있기 때문이다.

뒤에서 좀 더 자세히 설명하겠지만 일반적으로 경기는 호황기, 후퇴기, 불황기, 회복기 등을 거치며 순환한다. 하지만 금융위기, 외환위기, 자산시장의 붕괴 등의 경제위기가 닥치면 경기는 충격 이전에 어떤 국면에 있었든 상관없이 일반적인 순환 과정에서 벗어나 곧바로 공황 국면을 향해 돌진한다. 마치 백화점에 불이 나면 평온하게 쇼핑을 하던 사람들이 짐을 내팽개치고 비상구로 내달리는 것과 같다.

경제에 빨간불이 켜지면 대개 경기 변동에 선행해서 움직이는 주식시장이 가장 먼저 반응한다. 충격에 놀란 사람들이 주식을 팔아 치우기 시작해 주가가 급락하는 것이다. 이제 본격적으로 경제위기를 경고

하는 사이렌이 울리기 시작하면 은행은 금고문을 걸어 잠그고 돈을 빌려주지 않으려고 한다. 기업은 돈이 물릴 수 있으니 거래처와 외상거래를 피하면서 몸을 사린다. 이러니 금융시장에서는 돈이 돌지 않는 신용경색이 발생하고 급하게 돈을 빌리려는 사람과 기업은 비명을 질러대기 시작한다. 시중에 유통되는 통화량은 급감하고 금리는 급등하며 채권 가격은 급락한다. 여기서 끝이 아니다. 사이렌이 울리기 전까지 남의 집 불구경하듯 시장의 충격을 관망하던 사람들이 하나둘씩 사태의 심각성을 깨닫고 주식을 팔아 치우기 시작한다. 이때부터 주식시장에는 주식을 마구 내던지는 투매 현상이 나타난다. 그 결과 주가는 급락을 거듭한다.

한편 약삭빠른 일부 외국인은 우리나라 경제에 충격이 가해지기 전에 이미 위기를 직감하고 다른 투자자보다 한발 앞서 주식을 팔아 이익을 실현한다. 타이밍을 놓친 외국인은 사이렌이 울리자마자 손실을 제한하기 위해 주식을 팔아 치워 주가 급락을 부추긴다. 외국인은 주식뿐 아니라 채권까지 팔아치우기 때문에 채권 가격 급락도 부추긴다. 주식과 채권을 팔아 원화를 손에 쥔 외국인은 달러로 환전하기 위해 외환시장으로 우르르 몰려간다. 달러의 수요가 급증하니 환율이 급등한다. 원화 자산을 팔고 안전자산으로 인식되는 달러에 투자하려는 국내 투자자도 증가한다. 환율이 계속 오를 것으로 판단해 환차익을 노리고 달러를 사재기하는 사람들까지 등장한다. 환율은 걷잡을 수 없이 급등한다. 이때가 되면 마지막까지 시장의 충격을 관망하던 외국인도 주가 손실에 환차손까지 생길 것을 우려해 주식을 팔아 치우기 시작한다.

외국인의 주식 투매가 시작되는 것이다. 그로 인해 주가는 다시 곤두 박질치고, 주식시장에서 빠져나간 외국자본은 외환시장으로 몰려들어 환율은 연일 고점을 찍는다. 그리고 환율이 급등하면서 원자재 가격을 포함한 수입 물가가 급등하기 때문에 전반적인 물가가 급등한다.

정부와 한국은행은 위기 상황에 대처하기 위해 금리와 환율 대책을 포함한 금융정책과 재정정책을 시행한다. 정부정책과 시간의 힘으로 시장이 안정을 되찾으면 급등했던 금리와 환율은 내림세로 돌아서며 급락했던 채권 가격도 안정을 되찾는다. 한편 주식시장에서는 주식을 팔 사람은 이미 다 팔았기 때문에 매물이 감소하기 시작한다. 그리고 주가가 바닥에 가까워졌다고 생각하는 사람들이 주식을 사들이기 시작하면 주가는 바닥을 치고 오름세로 돌아선다.

이상이 2007년 글로벌 금융위기 때와 1997년 외환위기 때 우리나라 금융시장에서 벌어진 일들을 요약한 것이다. 1990년 증시파동 때는 환율을 정부에서 규제했고 우리나라의 주식시장이 외국인에게 개방되지 않았기 때문에 위의 상황에서 외국인만 빼면 똑같은 상황이 된다. 만약 향후에도 우리나라 경제에 글로벌 금융위기나 외환위기 수준의 충격이 가해지면 금융시장에서는 같은 일이 되풀이될 가능성이 매우 높다.

경제위기 발생 후 주요 일간지의 경제 헤드라인

구분	2007년 글로벌 금융위기	1997년 외환위기	1990년 증시파동
주가	• 코스피 대폭락 1000선 붕괴 • '깡통' 주의보… 신용융자 투자자 주가 폭락 직격탄 • '주가 비관' 동반자살 시도 • 주가 반 토막…집값 하락… '디플레' 먹구름 • 주가 59P 폭락 · 환율 27원 폭등… '금융 패닉'	• 주가 폭락 400선도 붕괴 • 주가 10년 만에 최저 • 투자자 집단 항의… 거래 중단 요구 • 주가 폭락에 깡통계좌 급증, 개인투자자 투매 가세 • 주가 폭락 비관 50대 2명 자살	• 주가 폭락 600선도 붕괴 • 주가 폭락에 절망 확산, 투매 현상까지 • 주가 폭락 비관 자살 기도 • 주가 폭락 항의 곳곳 격렬 시위 • 증권사 지점 영업 중단 투자자 주가 폭락 항의
금리	• 국고채금리 폭등… 6년 만에 최고치 • 회사채 투매에 금리 폭등… 연 7.66% 7년 만에 최고 • 주택대출금리 10% 육박 '속 타는 채무자' • 채권시장도 흔들 시중금리 폭등 • 금리 뛰고 환율 요동… IMF 이후 '최악'	• 금리 폭등 회사채 18.55% • 예금 인출… 주가 폭락… 금리 급등… 금융시장 '공황' • 금리 폭등 자금시장 마비 CP 21.05% 거래 • 장단기금리 연일 폭등 • 금리 폭등, 막을 방법 없나	• 실세금리 폭등 회사채금리 19.45% • 정부정책이 금리 폭등 불렀다 • 시중금리 폭등 • 작년 7천여 기업… 금리 폭등 자금난 • 금리 폭등에 정부 비상
환율	• 환율 폭등 · 증시 폭락… 금융시장 '공황' • 환율 36원 폭등 1570원 '3월 패닉' • 환율 또폭등 '11년 만에 최고' • 엔화 빌린 中企, 환율 폭등에 '비명' • 자살 부른 '환율'… 40대 女 사업가, 폭등 손실 못 견뎌	• 환율 · 금리 '동반 폭등' • 환율 급등 사상 최고치 • 금리 · 환율 폭등 연쇄도산 우려 • 환율 급등 "해외 출장 겁나요" • 환율 급등 곳곳서 외화예금 하루 1억 달러씩 급증	• 환율 가파른 상승 행진 • 대미 · 일 환율 급등 계속 • 환율 급등 외환 거래 주춤 • 환율 오르자 너도나도 "달러 바꾸자" • 환율 급등 동향에 각계 촉각
물가	• 환율 때문에… 물가 상승 비상 • '환율 폭탄'에 수입 물가 급등 • 물가 10년 만에 최고 상승 • 환율 폭등 여파 수입 원자재값 '껑충', 생필품값 '들썩' • 'MB물가' 고통 끝이 안 보인다… 소비자물가 급등	• 자고 나면 물가 폭등 • 환율 폭등 여파 물가 '비상' • 환율 폭등 물가 인상 '직격탄' • 물가 진정 급하다 • 원자재 인상 → 소비재 인상 도미노 물가 공포 어쩌나	• 물가 9년 만에 최대 폭등 • 물가 큰일났다 1.4분기만 3.2% 올라 • '물가 폭등' 잡기엔 정부대책 역부족 • 기획원 물가 폭등 억제 수단 없어 발만 동동 • 물가 폭등 장보기 겁나 정부 억제책 서둘러야

부자가 되는
기회의 법칙

　앞에서 글로 설명한 내용을 이번에는 당시의 상황과 비교해 좀 더 자세히 알아보도록 하자. 1980년 이후부터 지금까지 우리나라에서 부자의 기회는 세번 나타났다. 기회의 시기를 최근 순으로 나열하면 ① 2007~2011년 글로벌 금융위기, ② 1997~1999년 외환위기, ③ 1990~1994년 증시파동이다. 각 시기는 세가지 공통점이 있는데, 이를 바탕으로 부자의 기회가 가진 패턴과 규칙성을 파악할 수 있다.

　우선 첫 번째 공통점은 세번의 시기가 모두 국가경제가 휘청할 정도로 큰 충격을 주며 시작되었다는 사실이다. ①시기는 미국의 서브프라임모기지 부실 사태에서 비롯된 글로벌 금융위기와 함께 시작되었고, ②시기는 우리나라가 국제통화기금IMF에 구제금융을 신청한 외환위기로 촉발되었다. ③시기는 1980년대 증시 과열로 인해 전국적으로 주식 투기 열풍이 불었다가 주식시장이 일순간에 붕괴되면서 시작되었다.

❶ 글로벌 금융위기로 인한 경제지표 추이 2007.09~2009.01

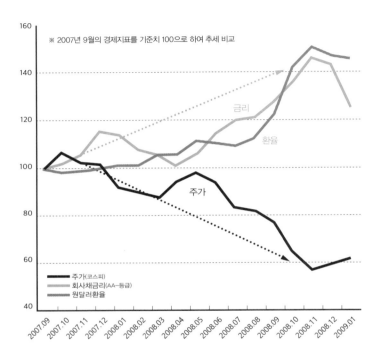

※ 2007년 9월의 경제지표를 기준치 100으로 하여 추세 비교

금리

환율

주가

주가(코스피)
회사채금리(AA-등급)
원달러환율

- **주가** : 13개월 동안 46.4% 하락(2,005 → 1,074)
- **금리** : 13개월 동안 43.3% 상승(6.0% → 8.6% 수치상으로는 2.6%포인트 올랐
  지만 이는 저점 6.0% 대비 43.3% 오른 것)
- **환율** : 13개월 동안 53.1% 상승(915원 → 1,401원)

국가경제에 큰 충격이 발생했다.

두 번째 공통점은 경제에 엄청난 충격이 발생한 뒤 '주가 폭락 → 금
리 폭등 → 환율 폭등'의 과정을 거치면서 주요 경제지표들이 급격하게
요동쳤다는 사실이다. 특히 주가는 반 토막으로 폭락했기 때문에 주식
시장은 '패닉' 그 자체였다.

'주가 폭락 → 금리 폭등 → 환율 폭등'의 과정을 거쳤다.

그래프를 통해 본 경제지표의 움직임에 대해서 보충 설명을 하자면,
2007년 글로벌 금융위기 때는 미국 내 서브프라임모기지에 기초해 수
익이 발생하는 파생금융상품의 가치가 폭락해 전 세계적인 신용경색
이 발생했고, 이로 인해 달러 가치와 금리가 폭등했다.

당시 미국의 투자은행들은 서브프라임모기지를 포함해 여러 종류의
부채를 한데 섞어 부채담보부증권CDO, Collateralized Debt Obligation이라는 파생금
융상품을 만들어 세계 각지에 내다 팔았다. 그리고 보험회사는 CDO
투자에서 손실이 생길 경우 투자자에게 그 손실을 보전해주는 파생금
융상품인 신용부도스와프CDS, Credit Default Swap 계약을 열심히 팔았고, 그렇
게 팔려 나간 CDS는 또다시 미국은 물론 국제 금융시장에서 거래됐
다. 국내 금융회사들 역시 CDO와 CDS를 열심히 사들였고, 그중 일부

❷ 외환위기로 인한 경제지표 추이 1997.05~1998.09

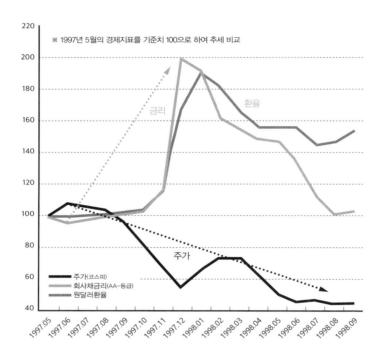

※ 1997년 5월의 경제지표를 기준치 100으로 하여 추세 비교

금리

환율

주가

- 주가(코스피)
- 회사채금리(AA-등급)
- 원달러환율

- **주가** : 15개월 동안 59.2% 하락(765 → 312)
- **금리** : 6개월 동안 107.7% 상승(11.7% → 24.3% : 수치상으로는 12.6%포인트 올랐지만 이는 저점 11.7% 대비 107.7% 오른 것)
- **환율** : 7개월 동안 91.3% 상승(889원 → 1701원)

를 먹음직스럽게 포장한 뒤 고객에게 되팔았다.

그러다가 미국의 주택 가격이 폭락하자 사람들이 주택대출금을 갚지 못하는 사태가 벌어졌다. 부채에 기초해 수익이 발생하는 CDO와 CDS의 가치가 폭락했고, 그것을 열심히 사들인 금융회사들은 막대한 손실을 입거나 파산했다. CDO의 손실을 보전해주는 CDS를 판 보험회사들도 엄청난 손실을 입었다. 피해는 여기서 끝나지 않았다. 전 세계로 팔려 나갔던 CDO와 CDS의 가치가 폭락하자 글로벌 신용경색이 발생해 달러 가치가 폭등하고 금리가 폭등했으며, 국내에서도 환율과 금리가 폭등했다.

1997년 외환위기 당시에는 여러 재벌 기업이 방만한 경영 끝에 부도를 내고 쓰러지자 그들에게 돈을 잔뜩 빌려준 금융회사들이 그들의 부실을 떠안게 되었다. 우리나라 금융회사에게 돈(달러)을 빌려준 외국 금융회사들은 돈을 떼일 것을 염려해 일시에 대출금 회수에 나서면서 환율 폭등에 불을 붙였다. 게다가 IMF가 구제금융을 지원하는 조건으로 우리나라 정부에 요구한 고금리, 고환율 정책이 금리와 환율의 폭등을 부추겼다.

반면, 1990년 증시파동 때까지만 해도 대출금리, 예금금리, 채권금리 등 대부분의 금리를 정부가 직접 규제했다. 우리나라에서 금리가 금융시장의 수요와 공급에 따라 자율적으로 결정된 것은 1997년 외환위기 이후부터다. 1991년에 '금리자유화' 조치가 내려진 이래로 단계적으로 금리자유화가 진행돼 1996년에야 완료되었다. 또한 1990년에는 환율도 정부가 규제했기 때문에 외환시장의 수요와 공급에 따라 자율

❸ 증시파동으로 인한 경제지표 추이 1990.01~1992.10

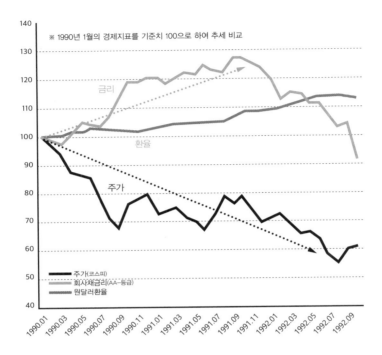

140
130
120
110
100
90
80
70
60
50
40

※ 1990년 1월의 경제지표를 기준치 100으로 하여 추세 비교

금리

환율

주가

주가(코스피)
회사채금리(AA-등급)
원달러환율

1990.01 1990.03 1990.05 1990.07 1990.09 1990.11 1991.01 1991.03 1991.05 1991.07 1991.09 1991.11 1992.01 1992.03 1992.05 1992.07 1992.09

- **주가** : 31개월 동안 48.7% 하락(900 → 496)
- **금리** : 21개월 동안 27.3% 상승(15.4% → 19.6% : 수치상으로는 4.2%포인트 올랐지만 이는 저점 15.4% 대비 27.3% 오른 것)
- **환율** : 29개월 동안 13.0% 상승(698원 → 789원)

적으로 결정되지 않았다. '환율자율화'는 1990년부터 제한적으로 시행되었고 1997년 외환위기 이후에야 완전 자율화되었다. 그리고 1990년은 주식시장이 외국인에게 개방되기 전이다. 우리나라의 주식시장은 1992년부터 제한적으로 외국인에게 개방되기 시작했고 1997년 외환위기 이후 완전히 개방되었다.

그런 점 때문에 ③시기의 금리와 환율의 상승폭이 다른 두 시기(①, ②)에 비해 작다. 만약 1990년 증시파동 당시에 금리와 환율이 지금처럼 시장에서 자율적으로 결정되고 주식시장이 외국인에게 완전히 개방되어 있었다면 ③시기 경제지표의 움직임도 다른 두 시기와 크게 다르지 않았을 것이다.

마지막으로 각 시기가 지닌 세 번째 공통점은 경제를 강타한 충격이 시장에서 깊숙이 흡수되고 나면 주요 경제지표들이 반대의 경로를 거쳐 다시 본래의 위치로 되돌아왔다는 사실이다. 즉, 폭락한 주가는 위기 이전의 주가를 회복했고 폭등한 금리와 환율도 위기 이전의 수준으로 떨어졌다.

기회의 공통점 3

시장이 안정되면 주가, 금리, 환율은 경제위기 이전의 수준으로 회귀했다.

이처럼 위기의 성격이 무엇이든 과거에 경제위기 때마다 금융시장에서는 유사한 경제 현상이 규칙성을 갖고 반복되었다. 그리고 그 규칙성은 '수요와 공급의 법칙'이 전부라고 해도 과언이 아닌 현대의 경제이론으로 비교적 명확하게 설명이 가능하다. 그리고 그것이 바로 내가 이 책에서 말하고자 하는 '부자가 되는 기회의 법칙'이다.

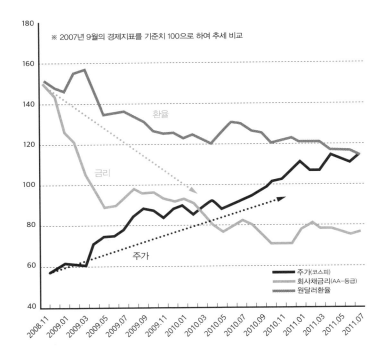

❶ 글로벌 금융위기 경과 후 경제지표 추이 2008.11~2011.07

* **주가** : 29개월 동안 100.5% 상승(1,074 → 2,153)
* **금리** : 23개월 동안 52.3% 하락(8.6% → 4.1% : 수치상으로는 4.5%포인트 떨어졌지만 이는 고점 8.6% 대비 52.3% 떨어진 것)
* **환율** : 32개월 동안 24.5% 하락(1,401원 → 1,058원)

❷ 외환위기 경과 후 경제지표 추이 1998.01~1999.08

※ 1997년 5월의 경제지표를 기준치 100으로 하여 추세 비교

환율

금리

주가

주가(코스피)
회사채금리(AA-등급)
원달러환율

- **주가** : 10개월 동안 211.2% 상승(312 → 971)
- **금리** : 16개월 동안 68.7% 하락(24.3% → 7.6% : 수치상으로는 16.7%포인트 떨어졌지만 이는 고점 24.3% 대비 68.7% 떨어진 것)
- **환율** : 17개월 동안 31.3% 하락(1,701원 → 1,168원)

❸ 증시파동 경과 후 경제지표 추이 1991.08~1994.12

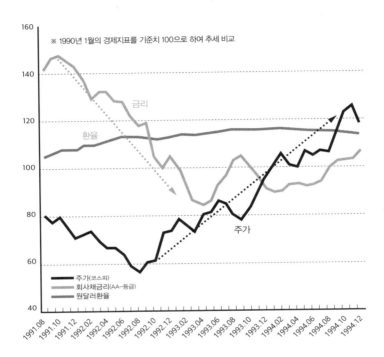

※ 1990년 1월의 경제지표를 기준치 100으로 하여 추세 비교

금리

환율

주가

— 주가(코스피)
— 회사채금리(AA-등급)
— 원달러환율

- **주가** : 27개월 동안 123.8% 상승(496 → 1,110)
- **금리** : 18개월 동안 42.3% 하락(19.6% → 11.3% : 수치상으로는 8.3%포인트 떨어졌지만 이는 고점 19.6% 대비 42.3% 떨어진 것)
- **환율** : 11개월 동안 1.4% 상승(789원 → 800원)

이제까지 설명한 내용을 요약하면 다음과 같다.

경제에 위기가 닥치면		
주가가 폭락하고	금리가 폭등하고 (채권 가격이 폭락하고)	환율이 폭등한다.
주식시장에서 투자자들 (기관, 외국인, 개인 등)이 주식을 투매하지만 사려는 사람은 없다. 따라서 주식의 공급이 급증하고 수요가 상대적으로 급감하기 때문에 주가가 폭락한다.	금융시장에서 은행은 금고문을 단단히 걸어 잠그고 기업은 외상거래를 기피한다. 따라서 시중에 유통되는 통화량이 급감하고 대출 수요가 상대적으로 급증하기 때문에 금리가 폭등하며 채권 가격은 폭락한다.	외환시장에서 국내에 투자된 원화를 달러로 바꿔 자국으로 빼가려는 외국인이 급증한다. 따라서 달러의 공급은 늘지 않는데 수요가 급증하기 때문에 환율이 폭등한다.

경기가 회복되면 주가, 금리, 환율은 위기 이전의 수준으로 회귀한다.

위의 규칙에 따르면 향후에도 우리나라의 경제에 위기가 닥칠 경우 또다시 주가가 폭락하고 금리와 환율은 폭등할 가능성이 매우 높다.

기회는 바로 여기에 있다. 이때 주식과 채권을 헐값에 사들일 수 있으며 환율이 폭등하기에 앞서 달러를 미리 사들일 수도 있다. 그리고 시간이 지나면 주가, 금리, 환율은 본래의 자리로 되돌아올 것이다. 그 과정에서 경기가 평화로운 상태일 때는 결코 바랄 수 없는 상당히 높은 수준의 주가수익률과 채권수익률을 기대할 수 있으며 매우 높은 수준의 달러수익률(환차익)도 기대할 수 있는 것이다.

우리가
얻을 수
있었던 것들

그때
투자를 했더라면

    준비된 사람에게 경제위기는 곧 부자의 기회가 된다. 물론 국가경제에 큰 위기가 닥쳤는데 기회가 찾아왔다며 마냥 기뻐할 수는 없는 노릇이다. 경제위기는 곧 많은 사람의 고통을 수반하기 때문이다. 특히 가난하고 힘없는 사람들이 가장 큰 고통을 겪는다. 하지만 그 위기가 피할 수 없는 것이라면 우리는 그것이 다시 찾아오기 전에 위기를 슬기롭게 극복하기 위한 준비를 미리 해둘 필요가 있다.

    확신컨대 나와 당신이 평생을 살아가는 동안 우리나라는 글로벌 금융위기나 외환위기 수준의 경제위기를 몇 번이고 또다시 겪게 될 것이다. 끊임없이 성장을 추구하는 자본주의 시스템에서 경제위기는 반드시 거쳐야 하는 성장통과 같기 때문이다. 경제가 성장을 멈추지 않는 한 성장통도 사라지지 않는다. 그리고 이 시련은 개인의 힘으로는 막을 수 없다. '공격이 최선의 방어'라는 말이 있듯이 경제위기를 이겨내는 가장 좋은 방법은 위기를 부자의 기회로 활용하는 것이다.

　과거의 경제위기를 예로 들어 그 당시에 자산을 얼마나 증식할 수
있었을지 실제 데이터를 이용해 시뮬레이션해보겠다. 우선 글로벌 금
융위기가 있었던 2007~2011년으로 돌아가보자. 2007년 글로벌 금융
위기가 발생했을 때 우리나라의 주가는 13개월 동안 급락을 거듭해

❶ 글로벌 금융위기 때의 주가와 금리 추이 2007~2011

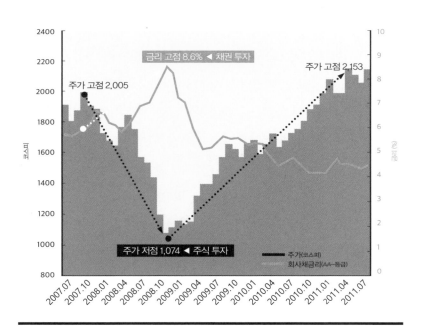

반 토막이 났다. 그리고 같은 기간 동안 금리는 위기 직전의 금리 대비 40% 이상 폭등했다(금리가 폭등하면 채권 가격이 폭락한다). 이후 주가는 상승세로 돌아선 뒤 26개월이 지나 이전의 고점을 회복했으며, 다시 3개월 후에는 정점을 찍고 하락세로 돌아섰다. 폭등했던 금리는 주가가 바닥을 칠 때쯤부터 떨어지기 시작해 5개월 만에 위기 이전의 수준으로 회귀했으며 이후 완만한 하락세를 지속했다.

이제 잠시 타임머신을 타고 글로벌 금융위기가 발생했던 2007년으로 돌아가 다음과 같은 방법으로 투자한다고 가정해보자. 1000만 원의 종잣돈을 채권과 주식에 각각 500만 원씩 분산투자한다. 이때 채권은 금리가 가장 높았던 시기(채권 가격이 가장 낮았던 시기)에 3년 만기 회사채(복리채)를 매수한 뒤 만기일(원금과 이자 상환일)까지 보유한다. 그리고 주식은 주가가 가장 낮았던 시기에 매수한 뒤 고점에 달한 시기에 매도한다. 수익률 산출의 기초가 되는 채권금리는 AA−등급 회사채의 평균 시장금리를 사용하고 주가수익률은 코스피지수의 수익률을 사용한다.

example 1000만 원을 채권과 주식에 각각 500만 원씩 분산투자
채권 : 금리 고점에서 3년 만기 회사채(복리채) 매수 후 만기일까지 보유.
주식 : 주가(코스피지수) 저점에서 매수하여 29개월 동안 보유한 후 주가 고점에서 매도.

채권과 주식에 50:50 비율로 분산투자하는 경우

구분	자산배분 비율	투자 원금	수익	수익률	원금+수익	투자 기간
채권	50%	5,000,000원	1,404,120원	28%	6,404,120원	36개월
주식	50%	5,000,000원	5,023,277원	100%	10,023,277원	29개월
합계	100%	10,000,000원	6,427,397원	64%	16,427,397원	3년(채권 기준)

이런 가정하에 우리가 얻게 될 수익을 산출하면 약 640만 원이다.
투자 원금이 1000만 원이니까 총 수익률은 64%다.

만약 투자 기간 동안 주가가 오르지 않고 반대로 떨어지더라도 3년
동안 주식의 손실률이 마이너스 28%(손실액 140만 원)를 초과하지 않으
면, 채권에서 생기는 확정이자 140만 원이 주식의 손실액을 상쇄하기
때문에 원금 1000만 원(500만 원+500만 원)은 보존된다. 총 수익률이 64%
이므로 2000만 원을 투자하면 수익은 약 1300만 원이 될 것이고 5000
만 원을 투자하면 수익은 약 3200만 원이 될 것이다. 만약 1억 원을 투
자하면 수익은 약 6400만 원이다. 이처럼 경제위기가 발생하기 전에
준비된 기회자금이 많으면 많을수록 얻을 수 있는 수익은 더 커진다.

그런데 1000만 원을 채권과 주식에 500만 원씩 분산해서 투자하지
않고 전부 주식에만 투자하면 수익률이 어떻게 될까? 당연히 분산투자
를 할 때보다 훨씬 더 높은 수익률을 얻게 된다. 1000만 원을 전부 주
식에 투자할 경우 총 수익률은 100%다. 불과 29개월 만에 투자한 원금
의 2배가 되는 것이다.

주식에 100% 투자하는 경우

구분	자산배분 비율	투자 원금	수익	수익률	원금+수익	투자 기간
채권	-	-	-	-	-	-
주식	100%	10,000,000원	10,046,555원	100%	20,046,555원	29개월
합계	100%	10,000,000원	10,046,555원	100%	20,046,555원	29개월(주식 기준)

하지만 가진 돈을 전부 주식에만 투자하는 것은 매우 용감한 행위인 동시에 무모한 행위다. 이것이 만약 실제 상황이라면 폭락한 주가가 언제 다시 오름세로 전환될지 아무도 알 수 없다. 주가가 바닥에 근접했다고 판단해서 주식을 매수했는데 더 떨어질 수도 있다. 그러면 평정심을 잃게 될 것이며 나중에는 오를 걸 알고 있더라도 불안한 마음에 투자를 지속하기가 매우 어려워진다. 결국 고점 회복을 기다리기는커녕 살 때보다 더 싼값에 주식을 되팔아 손해를 보게 될 가능성이 크다.

그렇기 때문에 안전자산인 채권에 분산투자를 함으로써 위험을 줄여야 한다. 이를 위해 투자에 나서기 전에 채권과 주식의 자산배분 비율을 먼저 결정해야 한다. 그리고 주식에 투자할 때는 주식을 매수한 뒤 주가가 더 떨어질 것에 대비해 여러 번 나누어서(분할) 매수하는 게 바람직하다. 일단 주식에 투자를 한 후에는 주가가 이전의 고점을 회복할 때까지 등락에 일희일비하지 말아야 한다. 아예 잊고 지내는 것이 좋다.

2010년 통계청 발표에 따르면 과거 우리나라 경기의 순환주기는 평균 49개월이었다. 이는 경기가 저점에서 고점을 지나 다시 저점에 이르는 데 걸린 시간이 평균 49개월이었다는 뜻이다. 따라서 경기가 저점에서 출발해 고점까지 이르는 데는 그 절반인 2년 정도가 걸렸다는 뜻이다. 주가의 변동은 경기의 변동과 궤적을 함께 하는 경향이 매우 강하다. 따라서 저점에 이른 주가가 이전의 고점을 회복하기까지는 적어도 2년 이상의 시간이 필요하다고 생각해야 한다. 실제로는 3년이 걸릴 수도 있고 5년이 걸릴 수도 있다.

❷ **외환위기 때의 주가와 금리 추이** 1997~2000

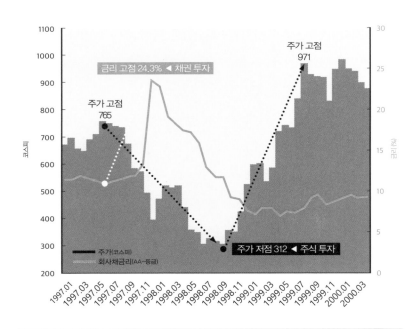

따라서 주식을 저점에서 매수하려고 시도할 때는 주가가 이전의 고점 수준을 회복할 때까지 무슨 일이 있어도 기다리겠다는 생각을 해야 한다. 그렇기 때문에 주식에 투자하기 전에 재무적인 계획을 따져보고 최소한 2년 이상 묻어둘 수 있는 자금의 한도 내에서 투자해야 한다.

이번에는 외환위기가 있었던 1997~2000년 동안의 주가와 금리 움직임을 살펴보자. 1997년 외환위기 당시 우리나라의 주가는 15개월 동안 반 토막이 났고, 금리는 6개월 동안 2배로 폭등했다. 이후 주가는 바닥에서 상승세로 돌아선 뒤 10개월이 지나 정점을 찍었다. 폭등했던 금리는 정점에서 하락세로 돌아선 뒤 바닥을 칠 때까지 16개월 동안 추락을 멈추지 않았다.

이번에도 타임머신을 타고 1997년으로 돌아가 보자. 앞선 사례와 마찬가지로 1000만 원의 원금을 채권과 주식에 500만 원씩 분산투자한다고 가정한다.

example 1000만 원을 채권과 주식에 각각 500만 원씩 분산투자

채권 : 금리 고점에서 3년 만기 회사채(복리채) 매수 후 만기일까지 보유.

주식 : 주가(코스피지수) 저점에서 매수하여 10개월 동안 보유한 후 주가 고점에서 매도.

example 채권과 주식에 50:50 비율로 분산투자하는 경우

구분	자산배분 비율	투자 원금	수익	수익률	원금+수익	투자 기간
채권	50%	5,000,000원	4,602,480원	92%	9,602,480원	36개월
주식	50%	5,000,000원	10,560,897원	210%	15,560,897원	10개월
합계	100%	10,000,000원	15,163,377원	150%	25,163,377원	3년(채권 기준)

이런 가정하에 우리가 얻게 될 수익을 산출하면 약 1500만 원이다. 원금이 1000만 원이니까 총 수익률은 150%다.

만약 투자 기간 동안 주가가 떨어지더라도 3년 동안 주식 투자의 손실률이 마이너스 92%(손실액 460만 원)를 초과하지 않으면 채권에서 생기는 확정이자 460만 원이 주식 투자의 손실액을 상쇄하기 때문에 원금 1000만 원은 보존된다. 설령 주식에 투자한 돈을 전부 잃더라도 채권에 투자한 돈과 수익을 합한 960만 원은 보존된다. 그리고 총 수익률이 150%이므로 2000만 원을 투자하면 수익은 약 3000만 원이 될 것이고 5000만 원을 투자하면 수익은 약 7500만 원이 될 것이다. 1억 원을 투자하면 수익은 무려 1억 5000만 원 이상이다.

만약 외환위기와 글로벌 금융위기, 두 번의 기회를 모두 놓치지 않았다면 수익률은 어떻게 될까? 외환위기 기간 동안 투자(채권 : 주식 = 50 : 50)해서 얻은 수익을 원금과 합해 글로벌 금융위기 기간 동안 전부 재투자(채권 : 주식 = 50 : 50)한다고 가정하고 수익률을 산출해보겠다. 편의상 두 기간 사이의 시차는 무시하겠다.

example 채권과 주식에 50:50 비율로 분산투자하는 경우

구분	자산배분 비율	투자 원금	수익	수익률	원금+수익	투자 기간
채권	50%	5,000,000원	11,114,929원	220%	16,114,929원	72개월
주식	50%	5,000,000원	20,221,951원	400%	25,221,951원	39개월
합계	100%	10,000,000원	31,336,880원	310%	41,336,880원	6년(채권 기준)

　　이런 가정 하에서 우리가 얻게 될 총 수익률은 310%다. 따라서 1000만 원을 투자하면 원금의 3배인 3000만 원 이상의 수익이 생기고 5000만 원을 투자하면 1억 5000만 원 이상의 수익을 손에 쥘 수 있다. 1억 원을 투자하면 무려 3억 원이 넘는 수익이 생긴다. 편의상 두 기간 사이의 시차를 무시했지만 실제로 금융위기와 외환위기 사이에는 약 10년의 시차가 존재한다. 따라서 우리에게는 과거 10년 동안 자산의 크기를 4배 이상 키울 수 있는 기회가 있었던 셈이다. 그 기회는 이미 지나가버렸지만 언젠가 그와 같은 부자의 기회는 우리에게 또다시 찾아올 것이다. 다만 그때가 언제인지 짐작하기 어려울 뿐이다. 이에 대해서 조금 더 이야기해보자.

부자의 기회는
반드시 다시
찾아온다

자본주의 경제의 성장통

경제위기는 그 원인이 무엇이든, 그리고 그것이 어떤 형태이든 간에 과거에 그러했던 것처럼 앞으로도 주기적으로 우리를 찾아올 것이다. 이는 부자의 기회, 즉 경제지표가 규칙성을 갖고 움직이기 때문에 제한된 위험을 감수하면서도 통상적인 수준을 월등히 초과하는 높은 수익률을 얻을 수 있는 기회 역시 반복적으로 만날 수 있을 거라는 의미다.

그리고 그 기회는 준비된 사람, 즉 꾸준히 경제지식을 쌓아 경제의 흐름에서 위기의 징표를 읽어내고, 종잣돈을 준비해둔 사람의 눈에만 기회로 보일 것이다. 반면에 그렇지 않은 사람의 눈에는 그것이 가난을 향해 자유낙하하는 롤러코스터의 탑승 티켓으로밖에 보이지 않을 것이다.

경제위기, 즉 부자의 기회가 반복될 수밖에 없는 이유는 자본주의 시스템이 불완전하기 때문이다. 자본주의 경제는 '국내총생산GDP'으로 표현되는 '경제 규모'가 계속해서 성장하지 않으면 돈 없고 권력 없는 대다수의 사람들은 구걸을 해서 먹고살거나 편을 갈라 서로를 약탈하며 살아갈 수밖에 없는 시스템이다. 왜냐하면 경제가 성장하지 않는다는 것은 시장에서 팔리지 않고 남아도는 상품과 서비스가 넘쳐난다는 뜻이며 그로 인해 기업은 생존을 위협받고 근로자와 자영업자는 생계를 위협받기 때문이다.

현대 사회에서 자본주의는 가장 이상적인 경제 시스템으로 알려져 있지만, 사실은 아직까지 자본주의를 대체할 만한 경제 시스템을 찾지 못했기 때문에 겨우 유지되고 있을 뿐이다. 자본주의에 필적할 경제 시스템으로 거론되는 것이 공산주의로 대표되는 사회주의다. 자본주의 시스템 내에서는 대다수의 사람들이 맘껏 탐욕을 부리며 실제로 그것을 실현할 기회가 존재하지만, 공산주의 시스템 내에서는 소수의 사람들만이 그런 기회를 가질 수 있다. 왜냐하면 사유재산을 인정하지 않는 공산주의는 생산 수단을 사회가 공동으로 소유하며 생산된 부를 공평하게 나누는 게 원칙이지만, 실상은 몇몇 권력자와 권력에 결탁한 소수의 세력만이 생산 수단과 부를 독점하며 배를 불리고 대부분의 사람들은 공평한 가난에 찌들어 살기 때문이다(북한을 보라). 자본주의 시스템이 현재까지 유지되고 있는 이유는, 불완전하더라도 공산주의 시스템보다는 낫다고 생각하는 사람이 현대 사회에서 절대다수를 차지하고 있기 때문이지, 그것이 결코 이상적이기 때문은 아니다.

자본주의 시스템을 지탱하는 가장 중요한 기둥은 인간의 탐욕이며 인간이 탐욕을 실현하는 데 가장 필요한 수단은 신용팽창이다. 자본주의 시스템 내에서도 특히 막대한 자본을 가진 욕심 많은 기업가들은 신용팽창을 펌프 삼아 그들의 탐욕을 수십 배, 수백 배로 부풀릴 수 있다. 인간의 탐욕과 신용팽창이 없다면 자본주의 경제는 성장할 수 없으며, 자본주의 시스템은 유지될 수 없다. 한낱 숫자에 불과한 GDP 속에는 신용팽창에 의해 생산되고 소비된 인간의 온갖 탐욕의 결과물이 총망라되어 있다.

인간이 신용팽창을 수단으로 삼아 마음껏 탐욕을 부풀리는 동안 경제에는 거품이 잔뜩 끼고 탐욕이 팽창할수록 경제에 낀 거품은 점점 더크게 부풀어 오른다. 하지만 거품은 언젠가 터져버릴 수밖에 없는 숙

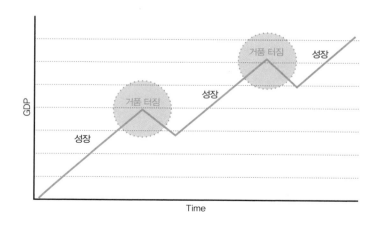

경제 성장과 경제위기의 관계

명을 타고났다. 경제에 낀 거품이 왜 터져버릴 수밖에 없는지에 대해 경제학적으로 또는 이성적으로 따질 필요도 없다. 왜냐하면 그것은 어린아이가 비눗방울을 힘껏 불어서 만든 거품 풍선이 곧 터져버리는 것과 똑같은 현상이기 때문이다. 어린아이는 비눗방울로 만든 거품 풍선이 왜 터져버리는지 그 이유에 대해서는 과학적으로 전혀 알지 못하지만 그것이 곧 터져버릴 것이라는 사실은 알고 있다. 이미 반복적으로 그것을 경험했기 때문이다. 그와 마찬가지로 우리는 역사적으로 자본주의 경제에 거품이 끼고 터지는 것을 반복적으로 경험해왔다.

자본주의 사회에서 경제는 계속 성장하지만 굴곡이 없지는 않다. 그래서 경기의 변동이 있고 순환이 있다. 경기의 변동과 순환은 거품이 생기고 터지기를 반복하면서 경제가 성장하는 과정이다. 그리고 거품이 적당한 때에 터지지 않고 너무 심하게 팽창한 뒤 터져버리면 경제에 큰 위기가 닥친다.

그런 경제위기, 아니 '부자의 기회'가 언제 다시 찾아올지 알 수 없다는 게 여전히 문제로 남지만 우리가 평생 동안 한두 번만 그 기회를 알아채고 적절한 방법으로 투자에 나선다면 자산을 크게 증식하는 데 부족함이 없을 것이다.

국내총생산GDP

GDP^{Gross Domestic Product}란 일정 기간 동안 한 국가의 영토 내에서 생산된 모든 상품과 서비스의 시장 가치를 합한 것을 말한다. 예를 들어 올 한 해 동안 빵집 사장이 빵 100개를 생산했고 빵 가격이 개당 1100원이라면, 빵 100개와 시장가치 1100원을 곱해 GDP 11만 원이 되는 것이다. 이것을 국가 전체적으로 확대하면 국내에서 생산된 모든 생산물 가격의 합이 되는 것이기 때문에 GDP는 한 국가의 경제 규모를 파악하는 데 주로 이용되는 경제지표다.

GDP에는 최종 생산물의 가치만 포함되고 생산에 투입된 중간재나 원자재의 가치는 포함시키지 않는다. 예를 들어 빵집 사장이 밀가루 회사에서 5만 원어치의 밀가루를 사들여 그걸로 11만 원어치의 빵을 만들었다면, GDP는 16만 원이 아니라 원료인 밀가루를 제외하고 최종 생산물인 빵의 가치만 포함시키기 때문에 11만 원이 된다. 최종 생산물인 빵의 가치에는 이미 원료인 밀가루의 가치가 포함되어 있기 때문에 또다시 밀가루의 가치를 중복해서 더할 필요가 없는 것이다.

(명목)GDP에서 물가 변동분을 제거한 것을 실질GDP라고 하는데, 실질 GDP는 한 국가의 경제성장률을 측정할 때 주로 이용되는 경제지표다. GDP와 실질GDP의 차이를 설명하기 위해 다시 빵집의 예를 들어보겠다. 앞서 올 한 해 동안 빵집 사장이 빵 100개를 생산했고 빵 가격이 개당 1100원이니까 GDP는 11만 원이라고 했다. 그런데 작년에도 빵집 사장이 빵 100개를 생산했고 작년의 빵 가격은 개당 1000원이었다면 작년의 GDP는 10만 원(100개×1000원)이다. 올해의 GDP가 11만 원으로 작년에 비해 10% 상승했으니 경제 규모가 10% 성장했다고 생각할

수 있다. 그런데 실상은 다르다. 작년이나 올해나 빵 생산량은 100개로 동일하기 때문에 경제 규모는 전혀 성장하지 않았다. 즉, 경제성장률은 0%이고 그냥 물가만 오른 것이다. 이처럼 (명목)GDP만 비교해서는 제대로 된 경제성장률을 측정할 수 없다. GDP에서 최종 생산물의 물가 변동분을 제거해서 생산량의 변동만을 보여주는 실질GDP를 비교해야 제대로 된 경제성장률을 측정할 수 있다.

그러면 GDP에서 물가 변동분을 어떻게 제거할 수 있을까? 생산물의 가격이 변동하지 않는다고 가정하면 된다. 좀 더 정확히 말하면 실질GDP를 산출할 때는 최종 생산물의 가격이 과거 특정 시점의 가격에 고정되어 있다고 가정한다. 가격이 올해든, 내년이든, 5년 후든 변동하지 않는다고 가정하면 물가 변동에 의해 경제 규모가 변동한 것처럼 보이는 착시 현상을 제거할 수 있다. 다시 빵집의 예를 들어 실질GDP를 산출해보자. 물가 변동분을 제거하기 위해 빵값은 작년의 빵값인 1000원에 고정되어 있으며 변동하지 않는다고 가정하겠다. 그러면 올해의 실질GDP는 10만 원(100개×1000원)이다. 작년에도 빵 100개를 생산했고, 빵값도 1000원에 고정되어 있었으므로 작년의 실질GDP 역시 10만 원이다. 따라서 GDP성장률, 즉 경제성장률은 0%다. 만약 내년에 빵을 110개 생산하고, 빵을 2000원에 판매한다면 GDP는 22만 원(110개×2000원)이지만 실질GDP는 기준 연도인 작년의 가격으로 계산해야 하기 때문에 11만 원(110개×1000원)이다. 이 경우의 경제성장률은 올해에 비해 10% 성장한 것이다.

이처럼 매년 또는 매 분기마다 실질GDP를 산출해서 비교함으로써 경제성장률을 측정할 수 있다. 우리가 뉴스나 신문에서 흔히 듣고 보게 되는 경제성장률은 바로 실질GDP의 변동률을 말하는 것이다.

경제위기의
다른 양상들

과거 우리나라 경제에 위기가 닥쳤을 때마다 주가, 금리, 환율이 앞서 설명한 규칙성을 예외 없이 따른 것은 아니었다.

예를 들어 2000년에 IT업종을 중심으로 불었던 벤처기업 열풍이 꺼지면서 주가가 폭락했는데 당시에는 금리가 초반에만 잠시 올랐을 뿐 폭등하지 않고 오히려 지속적으로 하락했다. 환율 역시 다른 위기 때와는 매우 다른 양상을 보였다. 주가는 이전의 고점을 회복하기도 전에 신용카드 사태가 터지는 바람에 다시 폭락했다. 2002년 우리나라의 경제를 뒤흔들었던 신용카드 사태 때도 마찬가지였다. 주가는 폭락한 뒤 시간이 지나면서 이전의 고점을 회복했지만 금리와 환율은 종잡기 어려운 행보를 보였다. 이는 IT업종이나 신용카드업종에서 시작된 위기가 1997년 외환위기나 2007년 글로벌 금융위기 때처럼 전 산업의 위기로까지 확대되지 않았기 때문이다. 잠시 2000년 IT 버블 붕괴 때와

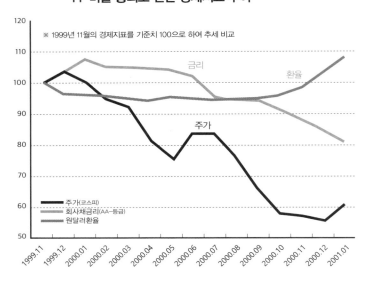

IT 버블 붕괴로 인한 경제지표 추이 1999.11~2001.01

※ 1999년 11월의 경제지표를 기준치 100으로 하여 추세 비교

금리
환율
주가

주가(코스피)
회사채금리(AA-등급)
원달러환율

1999.11 1999.12 2000.01 2000.02 2000.03 2000.04 2000.05 2000.06 2000.07 2000.08 2000.09 2000.10 2000.11 2000.12 2001.01

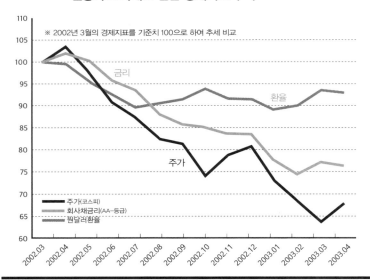

신용카드 사태로 인한 경제지표 추이 2002.03~2003.04

※ 2002년 3월의 경제지표를 기준치 100으로 하여 추세 비교

금리
환율
주가

주가(코스피)
회사채금리(AA-등급)
원달러환율

2002.03 2002.04 2002.05 2002.06 2002.07 2002.08 2002.09 2002.10 2002.11 2002.12 2003.01 2003.02 2003.03 2003.04

2002년 신용카드 사태 때 경제지표가 어떤 움직임을 보였는지 살펴보자. 책장을 앞으로 넘겨 2007년 글로벌 금융위기 때와 1997년 외환위기 때의 모습과 비교해보면 분명한 차이를 확인할 수 있을 것이다.

상황이 이렇다면 이 문제를 어떻게 봐야 할까? 경제에 위기가 닥치면 경제지표가 규칙성을 갖고 움직인다는 기회의 법칙이 틀렸다고 봐야 할까? 아니면 위기의 성격에 따라 경제지표의 움직임도 그때그때 다른 것이기 때문에 지금껏 내가 이야기한 기회의 법칙을 일반화시키기 어려운 것일까? 이 딜레마에 대해 분명하게 선을 그을 필요가 있다.

지금까지 경제위기가 곧 부자의 기회가 된다고 주장했던 이유는, 경제에 위기가 닥치면 경제지표가 규칙성을 갖고 움직이는 경향이 있고 그것이 경제이론으로 비교적 명확히 설명이 가능하며 그로 인해 불확실성이 줄어들기 때문이다. 하지만 경제에 위기가 닥쳤을 때 주요 경제지표의 움직임이 앞서 이야기한 기회의 법칙에서 벗어난다면 그것은 불확실성이 큰 상황임을 뜻한다. 주가, 금리, 환율이 어디로 튈지 짐작하기 어렵기 때문에 위험이 매우 높은 상황인 것이다. 그때는 기회가 아니라 위기 그 자체일 수 있으니 함부로 투자에 나서지 말고 추세를 관망해야 한다.

그러니 위기가 닥치더라도 무턱대고 투자를 하면 안 된다. 주가가 폭락하는 것을 눈으로 확인하고 나서 주식을 매수해야 하며, 금리가 폭등하는 것을 눈으로 확인하고 나서 채권 매수에 나서야 한다. 만약 경제지표가 '주가 폭락 → 금리 폭등 → 환율 폭등'의 과정을 거치지 않으면, 그때는 기회가 아닌 위기로 인식하고 그대로 흘려보내야 한다.

그리고 다음 기회를 기다려야 한다. 경제위기로 인해 생기는 부자의 기회는 평생에 한두 번만 잡아도 자산을 크게 증식하는 데 부족함이 없다는 사실을 잊지 말고 너무 욕심을 부리거나 서둘러서는 안 된다.

부자의 기회를 잡기 위한
세 가지 준비

　지금까지 경제위기가 왜 부자의 기회가 되는지 이야기했다. 그 내용을 짧게 요약하면 다음과 같다.

point

경제에 위기가 닥치면 금리, 주가, 환율 등 주요 경제지표가 규칙성을 갖고 큰 폭으로 변동하는 경향이 있기 때문에 제한된 위험을 감수하면서도 통상적인 수준을 월등히 초과하는 높은 수익률을 얻을 수 있는 기회가 생긴다.

　그런데 당신이 경제학을 전공하지 않았거나 경제이론에 대해 작심하고 공부한 적이 없다면 지금까지의 내용만 갖고서는 내가 말하고 있는 기회의 법칙에 대해 충분히 이해하기 어려울 것이다. 그리고 그것에 대한 이해가 선행되지 않으면 향후 당신의 코앞에 부자의 기회가 찾아오더라도 확신을 갖고 투자에 나서기 어렵다. 그렇기 때문에 기회를 놓치지 않으려면 경제위기 때마다 왜 특정한 경제 현상(주가 폭락, 금리 폭등, 환율 폭등 등)이 규칙성을 갖고 반복되는지를 알아야 하며, 이를 위해서는 먼저 물가, 금리, 환율, 채권 가격, 주가 등 자산의 가치 변동에 직접적인 영향을 미치는 주요 경제지표의 특성과 각 지표간의 관계에 대해 공부해야 한다. 또한 경제위기로 인해 금융시장이 공황 상태에 빠졌을 때 위험을 관리하면서 고수익을 추구하기 위해 채권과 주식에 투자하는 방법도 알아야 한다. 기회가 찾아왔을 때 투자할 수 있는 기회자금을 마련하기 위해 오늘부터 소비를 관리하고 돈을 모아야 함은 물론이다.

정리하면 경제위기에 가려진 부자의 기회를 알아보고 붙잡기 위해서는 경제지식, 투자지식, 기회자금 이렇게 세 가지 준비가 필요하다. 따라서 2장부터는 주요 경제지표의 특성과 각 지표간의 관계, 채권과 주식의 위험 관리와 투자 방법, 기회자금을 마련하는 방법 등에 대해 하나씩 순차적으로 이야기하겠다.

지난 30년 동안의 한국 경제와 위기의 배경

❶ 1980년대 한국 경제와 1990년 증시파동의 배경

1980년대는 우리나라의 경제가 단군 이래 최고의 호황을 누렸다고 평가받는 시기다. 왜냐하면 물가 안정과 고도성장이라는 두 마리 토끼를 모두 잡았기 때문이다.

1960년대부터 1970년대에 걸쳐 우리나라 정부(박정희 정권)는 빈곤한 농업국에서 탈피하기 위해 수출 주도형 산업을 육성하는 정책을 폈는데 그중에서도 특히 대기업 중심의 중화학공업을 집중 지원하며 육성했다. 그와 같은 선택과 집중 전략을 통해 우리나라의 경제는 괄목할 만한 발전과 성장을 이뤄냈지만 그 부작용으로 만성적인 인플레이션에 시달려야 했다. 게다가 1970년대 말 발생한 2차 오일쇼크로 인해 국제 경기가 후퇴하고 수입 원자재의 가격이 폭등하면서 1980년 우리나라 경제성장률은 마이너스를 기록했으며 물가상승률은 30%에 육박했다.

1980년대 초반부터 정부(전두환 정권)는 물가 안정 없이 경제 발전도 없다는 판단하에 기업이 상품 가격과 근로자의 임금을 인상하지 못하게 했고 긴축정책을 시행하는 등 강력한 물가억제 정책을 폈다. 또한 중화학공업 외 다른 산업의 육성에도 적극 나섰다. 그 결과 물가상승률은 한 자릿수로 떨어졌으며, 대외적으로 후퇴했던 국제 경기가 회복되면서 수출 의존도가 높은 우리나라 경제는 성장세를 지속했다. 1980년대 중반에는 국제적으로 저금리, 저유가, 저달러 등을 일컫는 3저 현상이 시작되면서 순풍에 돛단배처럼 매년 10%가 넘는 고도성장을 이뤘다. 하지만 경기가 과열되면서 인플레이션이 다시 고개를 들고 호황으로 벌어들인 돈이 생산활동을 위한 투자가 아닌 주식시장과 부동산시장으로 흘러들어가 투기가

만연하는 등 호황에 따른 부작용도 만만치 않았다.

경제 호황은 3저 현상이 끝나고 서울올림픽이 열렸던 1988년에 정점을 찍은 뒤 내리막을 걷기 시작했다. 두 자릿수이던 경제성장률은 서울올림픽 이후 한 자릿수로 떨어졌고, 물가는 크게 치솟았다. 국제 경기마저 후퇴하면서 무역 흑자의 규모도 감소하기 시작해 1990년에는 적자로 돌아섰다.

한편 국내 주식시장은 1980년 1월 4일 코스피지수가 100포인트로 출범한 이래 1980년대 중반까지 큰 변화 없이 150포인트를 중심으로 등락을 거듭했다. 그러던 중 3저 현상에 따른 경제 호황이 시작된 1986년부터 코스피지수가 급등하기 시작해 서울올림픽이 끝난 다음 해인 1989년 3월에는 1000포인트를 넘어섰다. 4년 동안 코스피지수가 무려 7배 가까이 오른 것이다. 경제 호황과 주식시장 활황의 기회를 놓치지 않고 외형을 키우려 했던 기업들은 앞다퉈 주식 상장을 서둘렀다.

그 결과 1985년 340개였던 상장기업의 수는 1989년 660개 이상으로 증가했으며, 주식 거래대금은 1985년에 비해 20배 넘게 증가했다. 이는 경제가 고도성장하면서도 안정된 물가를 기반으로 국민의 실질소득이 증가함에 따라 주식 투자에 관심을 갖는 사람들이 많아져 주식시장이 뜨겁게 달아올랐기 때문이다. 주식 투자자는 1985년 77만 명에서 2년 만인 1987년에는 310만 명으로 증가했고, 1988년 말부터는 정부가 국민주 제도를 도입, 포항제철과 한국전력 등 공기업의 주식을 상장해 중산층 이하 국민에게 우선 배정하는 방식으로 매도하면서 1989년 주식 투자자는 무려 1900만 명으로 폭증했다. 그야말로 너도나도 주식 투자로 돈 좀 벌어보자는 열풍이 불었던 것이다.

하지만 1988년 서울올림픽 이후 경기가 후퇴하기 시작하면서 코스피지수도 하락하기 시작했다. 그러자 정부(노태우 정권)는 쓰러지려는 주식시장을 일으켜 세우기 위해 1989년 12월 12일 이른바 12·12 증시부양대책을 발표했다. 주식에 대한 국민적인 관심이 매우 컸기 때문에 경기 후퇴와 주가 하락이 정권 유지의 기반을 흔들어놓을 수도 있다는 우려 때문이었다. 12·12 증시부양대책의 핵심은 한국은행의 돈을 풀어서라도 주식시장을 살리겠다는 것이었다. 정부는 증시가 안정될 때까지 투자신탁회사(이후 '투신사')가 무제한으로 주식을 매수할 수 있도록 했고 은행이 투신사에게 무제한으로 주식 매수자금을 대출하도록 했으며 필요한 경우 한국은행이 직접 자금지원에 나서도록 했다. 당시 3대 투신사였던 대한투신, 한국투신, 국 민투신 등은 2조 7000억 원이 넘는 막대한 자금을 주식 매수에 쏟아부었다. 하지만 이미 경기는 한풀 꺾여 후퇴하고 있었기 때문에 경기 회복 없이 인위적으로 주식시장을 부양하는 정책이 효과를 발휘하긴 역부족이었다.

12·12 증시부양대책으로 주식시장은 잠시 회복되는 듯했으나 결국 뒷심을 발휘하지 못한 채 추락을 거듭해 1990년에는 코스피지수가 500포인트대까지 폭락했다. 그 과정에서 정부가 투신사에게 지원해준 과도한 증시부양 자금은 시중의 통화량을 증가시켰고 인플레이션을 부추겼다. 그러자 이번에는 정부가 인플레이션을 잡기 위해 증시부양대책에 지원한 자금 회수에 나섰고 투신사와 투신사에게 대출해준 은행은 급작스러운 자금난을 겪게 되어 금리가 급등하는 등 금융시장은 대혼란에 빠졌다. 1980년대 경제 호황에 따른 전 국민적인 주식 투자 열풍은 그렇게 새드엔딩으로 끝나고 말았다.

❷ 1990년대 한국 경제와 1997년 외환위기의 배경

우리나라 경제는 1980년대 말에 이어 1990년 초반까지 침체가 계속되

었다. 1980년대의 경제 호황으로 무역수지 흑자폭이 커지면서 통상 마찰과 강대국의 원화 절상 압력을 받았고, 국내 물가와 근로자의 임금이 올라 수출 상품의 가격 경쟁력이 약화되는 등 1990년대 초반부터 수출에 적신호가 켜졌다. 국제 경기의 침체도 수출에 안 좋은 영향을 미쳤다. 반면에 강대국의 시장 개방 압력의 영향과 내수 증가 등으로 수입은 크게 증가했다. 게다가 1989년 시행된 해외여행 완전자유화 조치로 해외여행객이 급증하고 해외유학 붐이 일면서 달러 유출도 꾸준히 증가했다. 경제 성장률은 1991년 9%를 기록한 뒤 1992년에는 5%대로 급락했고 기업의 설비투자는 감소했으며 중소기업의 부도가 증가했다. 무역수지도 계속 적자를 기록했다. 반면에 내수는 과열되어 물가는 고삐 풀린 망아지처럼 뛰어올랐다.

이를 해결하기 위해 1993년에 들어선 새 정부(김영삼 정권)는 신경제 100일 계획이라는 정책을 수립하여 금리 인하, 통화 공급량 확대, 예산 조기 집행 등 경기 부양책을 시행했고 공무원의 임금을 동결하고 기업의 상품 가격 인상을 억제하는 등 물가 억제책도 병행했다. 때마침 불어온 엔고 현상과 반도체, 전자, 자동차 산업의 약진 등에 힘입어 경기는 눈에 띄게 회복되었다. 그 결과 1995년에 우리나라 역사상 최초로 수출 1000억 달러를 돌파했으며 1인당 국민소득은 1만 달러를 넘어섰다. 코스피지수도 6년 만에 또다시 1000포인트의 벽을 뚫었다. 그러나 무역수지는 여전히 적자를 면치 못하고 있었다. 누적되는 적자로 국가의 곳간은 점점 비어갔다.

1996년에는 우리나라가 선진국 그룹인 경제협력개발기구(OECD)에 가입했다. OECD에 가입하기 위해선 자본 및 금융시장을 개방해야 했기에 정부는 각종 규제를 풀고 자본시장을 과감하게 개방했다. 그러자 국내 금융 회사들은 앞다퉈 금리가 싼 외국자본을 빌려다 국내기업에게 무차별적으로 대출을 해줬고 외국자본도 금리 차익을 노리고 밀물처럼 국내로 밀려들었다. 기업은 저금리의 외채를 무기 삼아 국내사업은 물론 해외로까지 사업을 확장해 나갔다. 그 결과 1995년 250%대였던 국내기업의 평균 부채비율은 1997년에 350%를 넘었고, 우리나라의 총 외채는 1995년 1130억 달러에서 1997년 1670억 달러로 급증했다. 반면 우리나라 외환보유고는 1995년 327억 달러에서 1997년 204억 달러로 급감했다. 외환시장에서는 달러가 넘쳐나 달러 대비 원화의 가치가 수출 경쟁국인 일본 엔화나 중국 위안화에 비해 상대적으로 높은 수준에서 유지되었기 때문에 수출에 악영향을 미쳤고 소비재의 수입이 급증했기 때문에 무역수지의 적자폭도 크게 증가했다.

곪았던 상처는 1997년 1월 재계 순위 14위였던 한보철강이 부도를 내면서 표면으로 드러났다. 1000억 원 미만의 자본금을 가진 한보철강이 빚을 내면서까지 5조 원이 넘는 규모의 제철소 건립을 추진하다가 과도한 부채의 무게를 견디지 못하고 쓰러진 것이다. 이후 삼미, 진로, 기아 등 남의 돈을 빌려 떵떵거리며 세를 불리던 재벌기업들이 연쇄적으로 부도를 냈다. 그들의 하청을 받아 장사를 하던 수많은 중소기업들도 줄줄이 쓰러졌다. 해외에서 돈을 빌려와 기업에게 대출해준 금융회사들도 도미노처럼 쓰러졌다. 상업은행, 한일은행, 조흥은행, 제일은행, 서울은행 등 당시 5대 시중은행이 모두 문을 닫았다. 정부는 부도유예협약이라는 구제책을 만들어 재벌기업의 연쇄부도를 막아보려고 했지만 이는 떨어지는 칼날을 손으로 잡는 격이었다. 왜냐하면 부실기업을 빨리 정리하지 못한 게 이후 경제에 더 큰 피해를 주었기 때문이다.

1997년 7월 태국 바트화의 폭락으로 촉발된 동남아시아의 외환위기는 우리 경제의 불안감을 더욱 증폭시켰고 1997년 10월에는 국제 신용평가기관들이 일제히 우리나라의 신용등급을 강등하면서 국내의 외국자본은 썰물처럼 해외로 빠져나갔다. 그로 인해 환율과 금리가 폭등하면서 외환시장과 금융시장은 아비규환이 되었다. 만기일이 도래하는 해외 채무를 상환할 수 없을 만큼 외환보유고가 바닥난 정부는 국가 부도사태를 막기 위해 1997년 11월 IMF에 구제금융을 신청하게 되었다. 그보다 앞서 일찌감치 곤두박질치던 주식시장은 구제금융 신청 후 잠시 반등하는가 싶더니 다시 폭락을 거듭해 코스피지수 300포인트까지 붕괴되었다. 다음 해인 1998년의 경제성장률은 역대 최악의 수준인 마이너스 5.7%를 기록했고 2만여 개의 기업이 도산했으며 170만 명이 넘는 사람들이 일자리를 잃었다.

❸ 2000년대 한국 경제와 2008년 금융위기의 배경

1998년 새로 들어선 정부(김대중 정권)는 외환위기를 극복하기 위해 총력을 기울였다. 구제금융 제공을 조건으로 IMF는 우리 정부에 금리 대폭 인상, 재정긴축, 자본시장 개방 확대, 금융 개혁, 기업 구조조정, 고용의 유연성 증대 등 경제 전반에 걸친 강력한 구조조정 조치를 요구하였다. 이에 정부는 금융, 기업, 노동, 공공 부문 등 경제의 각 분야에 날카로운 구조조정의 칼날을 휘둘렀고 살릴 만한 기업과 금융회사를 구제하기 위해 막대한 공적자금을 투입했다. 외국인투자촉진법을 제정하여 적극적으로 외국자본 유치에 나섰으며 수출을 장려하고 수입을 억제하는 정책도 폈다.

이로써 1998년 지난 3년 동안의 무역 적자를 전부 만회할 수 있을 만큼의 흑자를 기록했다. 마침 미국을 비롯한 국제 경기가 호황을 이룬 것도 무역 흑자를 기록하는 데 도움을 주었다. 그뿐 아니라 금 모으기 운동을 통해 국민이 모아준 20억 달러 규모의 금을 수출한 것과 내수 침체로 수입이 급감한 것도 무역 흑자에 큰 역할을 했다. 무역 흑자는 2000년대까지 이어져 우리나라 경제는 1999년 10.7%, 2000년 8.8%의 경제성장률을 기록하는 등 고성장을 이뤄냈다. 1999년 초에는 국제 신용평가기관들이 강등했던 한국의 신용등급을 상향 조정했고 우리나라는 IMF에 구제금융을 신청한 지 3년 8개월 만인 2001년 8월에 IMF의 빚을 전부 청산할 수 있었다. 당시 국내기업의 평균 부채비율은 150% 수준으로 떨어졌고 우리나라의 총 외채는 1213억 달러로 감소했으며 외환보유고는 1028억 달러로 증가했다. 하지만 외환위기 극복 과정에서 실업자와 비정규직 근로자가 대량으로 양산되어 우리 사회에 양극화 구조가 고착되는 부작용이 따랐다.

정부는 외환위기를 극복하기 위해 경제 각 분야의 구조조정을 추진하면서 침체된 경기를 부양하기 위한 노력도 병행했다. 그 일환으로 추진한 정책이 1995년부터 미국을 중심으로 불었던 세계적인 IT벤처기업의 열풍에 편승해 IT산업을 적극 지원, 육성하는 것이었다. 그 결과 국내에서도 1999년 후반부터 IT벤처 창업의 붐이 일었고 한국 경제는 IT기업을 중심으로 뜨겁게 달아올랐다. 1999년 말 코스피지수는 IT 관련주의 약진에 힘입어 4년 만에 다시 1000포인트를 넘어섰고 코스닥시장은 IT벤처기업의 독무대가 되다시피 하며 주가가 치솟았다.

하지만 2000년 들어 IT벤처기업이 뜨겁게 달궈놓았던 미국 경기가 주저앉기 시작하자 국제 경기도 동반 하락했다. 그 여파는 한국의 실리콘밸리라고 불렸던 강남의 테헤란로에 직격탄을 날렸고 수많은 IT벤처기업이 쓰러졌다. 주가는 IT 관련주가 무너지면서 연일 폭락해 2001년 코스피지수는 고점 대비 반 토막이 났고 설상가상으로 같은 해 미국에서 9·11테러가 발생해 미국을 비롯한 국제 경기의 침체를 부채질했다. 결국 2001년 경제성장률은 대폭 하락해 4%까지 떨어졌다.

이에 정부는 내수 경기를 부양하기 위해 신용카드 현금서비스 한도 폐지, 신용카드 소득공제 제도 도입, 신용카드 영수증 복권 제도 실시, 신용카드사의 길거리 회원모집 허용 등 신용카드 사용 활성화 정책을 적극적으로 추진했다. 그 외에도 부동산 경기를 부양하기 위해 아파트 분양가 자율화, 분양권 전매 허용, 아파트 재당첨 제한 폐지, 취등록세 감면 등 경기 호황기 때 부동산시장에 채워놓았던 각종 규제를 거의 다 철폐했다. 게다가 금리를 빠르게 인하했기 때문에 대출을 받아서 주택 구입에 나서는 사람들이 큰 폭으로 증가했는데 외환위기 이후 주택 공급량마저 감소했기 때문에 주택 가격은 하루가 멀다 하고 뛰어올랐다. 외환위기 때 기업의 부실 대출로 곤혹을 치렀던 은행들은 다시 한 번 물 만난 물고기처럼 주택을 구입하려는 사람들에게 경쟁적으로 자금을 대출해줬다.

카드 빚과 주택 대출 등의 폭증으로 2000년 말 266조 원이던 가계부채는 2002년 말 400조 원을 돌파했다. 2002년 들어 부동산시장의 과열을 우려한 정부는 한 해 동안 4차례에 걸쳐 부동산시장 억제 정책을 내놓았지만 주택 가격의 상승 추세를 멈추기에는 역부족이었다. 신용카드 사용 활성화 정책으로 인한 부작용도 모습을 드러내기 시작했다. 대표적인 부작용은 신용불량자의 급격한 증가였다. 1999년 59만 명이던 신용불량자가 2001년에는 100만 명을 넘어섰고 2002년 200만 명, 2003년에는 무려 350만 명에 이르렀다. 2001년까지만 해도 황금알을 낳는 거위 사업이라며 앞다퉈 외형을 불리던 신용카드사는 연체율의 증가로 인해 2002년부터 적자를 내기 시작했다.

급기야 2003년 새 정부(노무현 정권)가 들어선 뒤 신용카드 대란이 터져 국가경제가 뒤흔들렸다. 당시 업계 점유율 1위였던 LG카드가 부도위기에 몰리는 등 신용카드사들도 신용불량자 신세가 되어 매각, 합병 등 구조조정을 당하고 말았다. 9·11테러 이후 반등했던 주식시장은 또다시 나락으로 떨어졌고 2002년 7.9%이던 경제성장률은 2003년에 3.1%로 주저앉았다. 게다가 취업자 수는 3만 명이나 감소했기 때문에 이때부터 고용 없는 성장이 우리나라 경제의 중요한 화두가 되었다.

신용카드 대란이 어느 정도 수습된 뒤 우리나라 경제는 연평균 4~5%대의 성장률을 유지하며 저성장 기조가 고착화되었다. 하지만 신용카드 대란과 경제의 저성장 기조에도 불구하고 부동산시장의 열기는 좀처럼 식지 않았다. 당시 정부(노무현 정권)는 부동산만큼은 반드시 잡겠다며 재건축 개발이익 환수제, 다주택자 양도세 중과, 1주택자 양도세 비과세 요건 강화, 분양권 전매 금지 및 전매 제한 기간 확대, 종합부동산세 신설, 주택담보대출 규제, 분양가 상한제 등 온갖 부동산시장 억제책을 시행했지만 시장의 열기를 식히지 못했다.

한편 신용카드 대란 이후 침체된 국내 경기가 회복되고 미국을 위시한 국제 경기 역시 호전되면서 2003년부터 주식시장에도 다시 훈풍이 불기 시작했다. 이후 주식시장은 별다른 조정 기간을 거치지 않고 장기간 거침없이 상승했는데 급기야 2007년 10월 코스피지수가 2000포인트를 넘어서기까지 했다. 이처럼 장기간 주가가 상승한 이유는 그 사이 주식시장에 악재로 작용할 만한 특별한 이슈가 없었고 국내외적으로 경기가 호전됐기 때문이다. 또한 2004년부터 확산되기 시작한 적립식 펀드, 변액보험 등의 금융상품이 주가 상승의 기반 역할을 톡톡히 했다. 주가 변동에 따라 단기적인 매매를 반복하는 직접투자 방식과 달리 적립식 펀드와 변액보험을 통한 간접투자 방식은 주가 변동에 관계없이 장기간 적금처럼 매월 일정액을 납입하는 방식이기 때문에 주식시장에 꾸준히 유동성을 공급했다. 그리고 무엇보다 1가구 1펀드라는 말이 생겼을 만큼 많은 사람이 적립식 펀드와 변액보험에 투자했기 때문에 그만큼 주식 매수 수요가 안정적으로 유지될 수 있었다. 이처럼 주가가 많이 오를 때면 매번 등장하

는 말이 있다. "이번에는 그 전과 다르다." 당시에도 코스피지수가 2000
포인트를 넘어서자 경제 관련 전문가와 언론은 우리나라 경제의 펀더멘
털이 튼튼하고 그동안 자본시장의 구조가 체질적으로 선진화됐기 때문에
이번에는 과거처럼 주식시장이 주저앉는 일 없이 계속 전진할 것이라며
장밋빛 전망을 쏟아냈다. 즉, 이번의 주가 상승 추세는 과거의 그것과는
상황이 크게 다르다는 것이다.

하지만 2007년 들어 미국에서 서브프라임모기지 부실에 따른 세계경
제의 위기가 수면 위로 급부상했고 2008년 새 정부(이명박 정권)가 들어
선 뒤 얼마 지나지 않아 미국의 초대형 투자은행인 리먼브라더스가 파산
함으로써 미국발 글로벌 금융위기가 터졌다. 그로 인해 전 세계는 동시에
경기 침체에 빠졌으며, 그 충격파는 우리나라의 경제를 사정없이 강타해
부동산시장, 주식시장, 금융시장, 외환시장 구분할 것 없이 대혼란에 휩
싸이고 말았다.

2장

부자의 기회를 읽기 위한 경제지식

물가는
경제의
체온계

일상생활과 가장 밀접한 경제지표, 물가

물가란 말 그대로 물건의 가격을 뜻한다. 여기서 물건이란 마트나 백화점 등에서 사고파는 유형의 상품뿐만 아니라 문화, 교육, 금융, 보험, 통신, 운수 등의 서비스까지 모두 포함한 개념이기 때문에 '물가란 국내에서 거래되는 모든 상품과 서비스의 평균적인 가격 수준'이라고 정의할 수 있다. 예를 들어 지난 한 달 동안 국내에서 거래된 상품이 빵과 우유 2가지뿐이고 각 상품의 가격이 1000원과 2000원이었다고 가정해보자. 그러면 두 상품의 가격을 평균한 가격은 1500원이다. 따라서 우리는 '지난달 물가는 1500원'이라고 말할 수 있다.

그런데 국내에서 거래되는 상품의 종류는 빵과 우유 외에도 셀 수 없이 많기 때문에 모든 상품의 가격을 전부 조사해서 평균적인 물가를 산출하기는 사실상 불가능하며 그렇게 해야 할 이유도 별로 없다. 그래서 물가는 사람들이 평소 자주 구매하는 상품과 서비스의 가격을 평균해서 산출한다. 사실 상품과 서비스의 가격을 단순 평균하여 물가를 산출하는 건 아니다. 중요도에 따라 가중치를 달리하여 가중평균한 가격을 산출하는데 굳이 머리 아프게 물가를 산출하는 방식까지 알 필요는 없고 '물가란 사람들이 자주 구매하는 물건의 평균적인 가격 수준'이라는 정도만 이해하면 된다.

point

물가 : 사람들이 자주 구매하는 물건의 평균적인 가격 수준.

우리는 매일 유무형의 상품을 구매하고 돈을 지불한다. 또한 상품을 판매하고 돈을 받거나 회사에 노동력을 제공하고 급여를 받는다. 따라서 물가는 1년 365일 모든 사람의 경제생활에 직접적인 영향을 미치는 중요한 경제지표다. 그것이 얼마나 중요한지는 우리나라의 중앙은행인 한국은행의 설립 목적만 봐도 알 수 있다.

point

한국은행의 설립 목적 :
물가 안정을 도모함으로써 국가경제의 건전한 발전에 이바지한다.

한국은행의 설립 목적은 다름 아닌 '물가 안정'이다. 그만큼 물가가 개인의 경제생활뿐만 아니라 국가경제에 미치는 영향이 매우 크다는 것을 뜻한다.

물가는 돈의 가치를 측정하는 저울의 역할을 하며 국가경제의 건강 상태를 보여주는 체온계의 역할도 한다. 물가가 오르면 돈의 가치가 떨어지고 반대의 경우에는 돈의 가치가 오른다. 따라서 물가는 돈의 가치를 측정하는 척도로서 저울의 역할을 하는 것이다. 그리고 국가경제가 건강할 때는 물가가 약간의 온기를 느낄 수 있는 정도로 완만하게 오른다. 하지만 물가가 크게 오르거나 떨어지면 경제가 악화되어 사람들이 먹고살기가 어려워진다. 마치 사람이 건강할 때의 체온은 약간의 온기를 느낄 수 있는 36.5℃에서 크게 벗어나지 않지만 체온이 그보다 많이 오르거나 떨어지면 앓아눕게 되는 것과 유사하다. 그래서 물가가 국가경제의 건강 상태를 보여주는 체온계의 역할을 하는 것이다.

전반적인 물가 동향을 파악하는 데는 '물가지수'를 활용한다. 물가지수란 물가의 움직임을 나타내는 경제지표다. 특정 시점의 물가를 기준으로 잡아 100으로 정한 뒤 다른 시점의 물가를 기준 시점의 물가와 비교하여 숫자로 표시함으로써 물가의 동향을 살핀다. 예를 들어 작년의 물가를 물가지수의 기준으로 잡는다고 가정하면 작년의 물가지수가 100이 되는 것이다. 그리고 올해 물가지수가 110이라면 한 해 동안 물가가 10% 올랐다는 사실을 쉽게 알 수 있다. 국가경제 전반의 물가를 본래대로 '원'으로 표시하면 단위가 커지고 숫자가 복잡해지기 때문에 한눈에 볼 수 있게 물가지수로 표시하는 것이다. 2014년 현재 국내의 물가지수는 2010년의 물가를 기준으로 잡아 통계청 등에서 작성되고 있다.

물가지수 : 물가의 움직임을 나타내는 경제지표.
기준 시점의 물가지수 = 100

물가지수는 이용 목적에 따라 여러 가지 방식으로 작성되고 있는데, 우리의 경제생활과 가장 밀접한 관련이 있는 건 '소비자물가지수'다. 소비자물가지수는 사람들이 일상적으로 자주 구입하는 상품(320여 개 품목)과 서비스(150여 개 품목)의 가격을 조사해서 작성된다. 우리가 신문이나 뉴스를 통해 흔히 듣는 "물가가 몇 % 올랐다" 또는 "몇 % 떨어졌다"는 말은 보통 소비자물가지수의 등락률을 말하는 것이다.

소비자물가지수의 보조 지수로서 '생활물가지수'가 사용된다. 생활물가지수는 체감물가, 일명 장바구니 물가를 파악하기 위해 소비자물가지수의 조사 대상 품목 중에서 사람들이 보다 빈번하게 구입하는 상품과 서비스(140여 개 품목)의 가격을 조사해서 작성된다.

물가는
돈의 가치를 측정하는 저울이다

    돈은 1000원, 1만 원 등 액면가로 표시되는 명목가치를 지니며 그와 동시에 물가와 비교한 실질가치도 함께 지닌다.

    예를 들어 지갑 속에 1000원권 지폐가 한 장 있는데 그것으로 1000원짜리 빵을 한 개 구입할 수 있다고 하자. 그런데 1년 후 빵값이 100원 올라 1100원이 된다면 지갑 속 1000원권 지폐의 액면가는 여전히 1000원이지만 빵을 구입하기에는 100원이 부족해진다. 즉, 지폐의 명목가치는 1000원으로 변함이 없지만 빵값과 비교한 실질가치는 100원 떨어져 900원이 되는 것이다.

반대로 빵값이 100원 떨어져 900원이 된다면 지갑 속 1000원권 지폐의 액면가는 여전히 1000원이지만 빵을 구입하고도 100원이 남게 된다. 즉, 지폐의 명목가치는 1000원으로 그대로지만 빵값과 비교한 실질가치는 100원 올라 1100원이 된다.

이처럼 물가가 변동하면 돈의 실질가치는 물가와 반대 방향으로 변동한다. 그래서 흔히 물가가 오르면 돈의 가치가 떨어지고 반대의 경우에는 돈의 가치가 오른다고 말하는 것이다.

시간이 지남에 따라 물가가 오르면 같은 금액의 돈을 지불하더라도 구입할 수 있는 물건의 양이 달라진다. 예를 들어 지난달에 1000원을 주고 사과를 2개 샀지만 이번 달에 사과값이 2배 오르면 1000원을 주고 사과를 1개밖에 사지 못한다. 돈은 물건과 교환하기 위해 만들어진 것이므로 물건을 얼마나 구매할 수 있느냐로 가치가 결정된다. 그래서 물가를 반영한 실질가치가 돈의 정의에 더 근접하다고 할 수 있으며, 물가와 비교한 돈의 실질가치를 다른 말로 '구매력'이라고 표현한다.

돈의 가치를 따질 때는 명목가치보다 구매력이 훨씬 더 중요하다.

당신이 오늘 로또 복권 1등에 당첨되어 10억 원이 생겼다고 가정해 보자. 부자가 된 것 같아 무척 기쁠 것이다. 그런데 만약 10억 원으로 계란 1개밖에 사지 못한다면 기분이 어떻겠는가? 우스갯소리처럼 들리겠지만 실제로 아프리카의 짐바브웨라는 국가에서 매달 물가가 1000배씩 올라 10억 원으로 계란 1개밖에 사지 못하는 일이 벌어졌다. 전쟁이 나서 국가 전체가 초토화되지 않는 이상 우리나라에서 그와 같은 일이 생길 가능성은 희박하지만 어쨌든 돈을 저축하고 투자하는 과정에서 돈의 구매력을 보존하는 데 많은 관심을 가져야 한다. 그러기 위해서는 저축하고 투자할 때 물가상승률 이상(적어도 동등한 수준)의 수익률을 얻기 위해 노력할 필요가 있다.

성장과 위기라는 양날의 검, 신용팽창

물가는 물건의 수요와 공급에 따라 변동한다. 물가가 오르는 데는 여러 가지 이유가 있지만 시중에 유통되는 통화량이 증가하면 물가가 오르고 통화량이 감소하면 물가의 오름세가 약해지거나 떨어진다고 보는 게 일반적이다. 쉽게 말하면 시중에 돈이 많이 풀리면 물가가 오르고 반대의 경우에는 물가가 떨어진다는 뜻이다.

왜냐하면 통화량의 변동이 물건의 수요 변동 요인으로 작용하기 때문이다. 기업의 투자지출과 사람들의 소비지출 그리고 정부의 재정지출 등이 증가하면 시중에 돈이 많이 풀리게 되고 물건의 수요가 증가한다. 그리고 증가된 수요만큼 물건의 공급이 증가하지 않으면 물건 부족으로 인해 물가가 오른다.(통화량이 증가하면 돈의 가치가 떨어지기 때문에 상대적으로 물가가 오른다고 볼 수도 있다.)

통화량이 증가하면	통화량이 감소하면
▼	▼
물건의 수요가 증가한다.	물건의 수요가 감소한다.
▼	▼
물가가 오른다.	물가의 오름세가 약해지거나 떨어진다.

'통화량'이란 '시중에 유통되고 있는 돈의 양'을 말하는데 통화량이 너무 풍부하면 경기가 과열되고 물가가 많이 오른다. 그리고 돈의 가치는 떨어진다. 반대로 통화량이 너무 부족하면 경기가 위축되고 물가의 오름세가 약해지거나 떨어진다. 그리고 돈의 가치가 오른다. 이처럼 통화량은 경기와 물가, 돈의 가치에 큰 영향을 미치기 때문에 한국은행은 통화량을 적절한 수준에서 관리하기 위해 여러 가지 금융정책을 펴고 있다.

통화량은 측정 범위에 따라 본원통화, 협의통화^{M1}, 광의통화^{M2}, 금융기관유동성^{Lf; Liquidity Aggregates of Finance Institutions}, 광의유동성^{L; Liquidity Aggregate} 등으로 구분한다. 본원통화는 쉽게 말하면 한국은행이 조폐공사를 통해 찍어낸 지폐와 동전 등 실물 통화량이라고 이해하면 된다.

그리고 협의통화를 뜻하는 M1은 가계 및 기업이 보유한 현금과 언제든 인출해서 현금화할 수 있는 현금성예금의 합계를 말한다. 광의통화를 뜻하는 M2는 M1과 언제든 해지해서 현금화할 수 있는 저축성예금의 합계를 말한다. 시중에 돈이 얼마나 풀려 있는지를 가장 잘 보여주는 통화지표가 M2이기 때문에 한국은행은 M2를 통화량 관리의 핵심지표로 삼고 있다.

1. 본원통화 :

한국은행의 화폐발행액 + 금융기관이 한국은행에 예치한 지급준비금

2. 협의통화(M1) :

가계 및 기업(금융기관 제외)이 보유한 현금 + 현금성예금(요구불, 수시입출식 등)

3. 광의통화(M2) :

M1 + 저축성예금(정기예금, 정기적금, 펀드 등. 단, 만기 2년 이상인 것은 제외)

　통화의 유통은 한국은행이 시중은행에 대출을 하거나 금융회사로부터 국공채 등을 매입하는 방법으로 금융시장에 본원통화가 공급되면서 시작된다. 그리고 한 봉지의 옥수수 알들을 버터에 발라 튀기면 한 바구니의 팝콘으로 팽창하는 것처럼 한국은행이 금융시장에 공급한 통화량(본원통화)은 신용팽창의 과정을 거쳐 수십 배의 크기(M2)로 부풀어 오른다.

　한국은행이 시중은행에 100만 원(본원통화)을 공급하면 은행은 그 100만 원을 돈이 필요한 A(기업 또는 개인)에게 대출한다. A는 대출받은 100만 원을 은행에 예금한다. (A가 100만 원을 은행에 예금하지 않고 전부 지출하더라도 그 돈을 지불받은 누군가는 은행에 예금한다. 따라서 국가 전체적으로 예금 총액 100만 원은 변함이 없다.) 국가 전체적으로 100만 원(본원통화)이던 통화량은 200만 원(M2 = 본원통화 100만 원 + 예금 100만 원)으로 불어난다. 이제 은행은 A가 예금한 100만 원 중 10만 원을 지급준비금으로 보유하고 나머지 90만 원을 돈이 필요한 B에게 다시 대출한다. B도 대출받은 90만 원을 은행에 예금한다. 이제 통화량은 290만 원(M2 = 본원통화 100만 원 + 예금 190만 원)으로 불어난다. 은행은 B가 예금한 90만 원 중 9만 원을 지급준비금으로 보유하고 나머지 81만 원을 돈이 필요한 C에게 다시 대출한다. C도 대출받은 81만 원을 은행에 예금한다. 통화량은 다시 371만 원(M2 = 본원통화 100만 원 + 예금 271만 원)으로 불어난다.

이처럼 반복적인 대출에 의해 통화량이 불어나는 현상을 '신용팽창'이라고 하는데 한국은행이 발행한 본원통화가 신용팽창의 과정을 거치면서 시중에 유통되는 통화량은 본원통화의 10배, 20배 또는 그 이상으로 불어난다.

point

본원통화 → 신용팽창 → 통화량 증가

한국은행이 아무리 돈을 많이 찍어내도 금융시장에서 신용팽창의 과정을 거치지 않으면 시중에 유통되는 통화량은 매우 제한적일 수밖에 없다. 한 봉지의 옥수수 알 100개를 200개로 늘려봐야 여전히 한 봉지에 담을 양밖에 되지 않지만 그 옥수수 알들을 튀기면 바구니에 옮겨

담아야 할 만큼 부피가 크게 팽창하는 것과도 같은 이치다.

경기가 좋을 때는 돈을 빌려 쓰려는 수요가 많기 때문에 신용팽창이 빠른 속도로 진행되며, 시중에 유통되는 통화량의 증가 속도 역시 빨라진다. 하지만 경기가 나쁠 때는 은행이 돈을 빌려주기를 꺼릴 뿐만 아니라 돈을 빌려 쓰려는 수요도 감소하기 때문에 신용팽창이 위축되어 시중에 유통되는 통화량이 감소한다. 이처럼 본원통화가 신용팽창의 과정을 거쳐 통화량이 몇 배로 증가되었는지 보여주는 경제지표를 '통화승수'라고 한다. 통화승수가 20이라면 한국은행이 발행한 본원통화가 신용팽창의 과정을 거쳐 20배 불어나 시중에 유통되고 있다는 뜻이다.

point

통화승수 = 광의통화(M2) ÷ 본원통화

통화승수의 증감을 확인함으로써 시중에 돈이 얼마나 잘 돌고 있는지 파악할 수 있다. 통화승수가 전에 비해 높아지면 시중에 돈이 잘 돌고 있다는 것을 뜻하며, 반대로 통화승수가 전에 비해 낮아지면 돈이 잘 돌지 않고 있다는 것을 뜻한다. 즉, 통화승수는 신용팽창의 속도를 보여주는 속도계와도 같다.

자본주의 경제는 신용팽창을 통해 만들어진 가짜 돈(실물이 아닌 숫자상의 화폐)에 의해 상품과 서비스가 생산되고 소비되는 과정이 반복되면서 성장한다. 따라서 신용팽창의 속도가 빨라지면 자본주의 경제도 성장이 빨라지며 반대의 경우에는 성장이 정체된다. 그리고 신용팽창이 장애물을 만나 급브레이크를 밟으면 경제에 위기가 닥친다.

인플레이션의
다양한 시나리오

국가 전체적으로 물가가 지속해서 오르는 현상을 인플레이션^{inflation}이라고 하는데 완만한 인플레이션은 기업의 매출과 사람들의 소득을 점차 증가시키는 효과가 있기 때문에 경제성장에 윤활제 역할을 한다.

하지만 인플레이션의 정도가 심하면 경제가 악화된다. 물가가 많이 오르면 돈의 가치는 크게 떨어진다. 오늘 1000원을 주고 빵을 2개 살 수 있더라도 내일 물가가 2배로 오르면 1000원을 주고 빵을 1개밖에 사지 못한다. 똑같은 1000원이지만 돈의 가치가 반 토막이 되는 것이다. 이는 개인의 입장에서 보면 100만 원을 버는 사람의 소득이 50만 원으로 감소하는 것과 같다. 이처럼 물가가 많이 오르면 그만큼 사람들의 실질소득이 감소하기 때문에 국가 전체적으로 소비가 감소한다.

반면에 물가가 많이 오르면 기업의 입장에서는 상품과 서비스의 가격이 많이 오르기 때문에 일시적으로는 이익을 얻는다. 하지만 고물가 상태가 지속되면 사람들이 소비를 줄이기 때문에 시간이 갈수록 기업은 물건을 팔지 못해 창고에 재고가 쌓인다. 물건이 팔리지 않으면 기업의 매출과 이익이 감소하기 때문에 부도를 내거나 은행의 대출금 상환을 연체하는 기업이 증가한다. 그러면 돈을 떼일 것을 염려한 은행은 기업에게 대출한 돈을 회수하고 신규 대출을 축소하며 기업들도 서로 외상거래를 기피하기 때문에 시중에 돈이 돌지 않는 신용경색이 발생한다. 이 과정에서 망하는 기업이 속출하고 실직자가 증가해 국가경제가 악화된다.

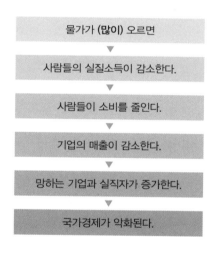

인플레이션은 그 원인에 따라 '수요견인 인플레이션'과 '비용인상 인플레이션'으로 구분한다. 수요견인 인플레이션이란 물건의 수요가 공급을 초과해서 생기는 인플레이션을 말한다. 비용인상 인플레이션이

란 국제 원자재 가격, 국제 농산물 가격, 계절 · 기후 · 재해 등 자연적인 요인(농축수산물의 수급 변동), 근로자의 임금, 부채(이자)비용, 부동산 임차비용, 세금 등으로 인해 물건의 생산비용이 증가해서 생기는 인플레이션을 말한다.

인플레이션과 관련해 물가가 통제의 범위를 완전히 벗어나 폭등하는 현상을 하이퍼인플레이션hyperinflation이라고 하는데, 하이퍼인플레이션이 생기면 돈이 휴지 조각처럼 가치가 떨어지며 국민이 폭동을 일으킬 만큼 심각한 경제위기를 초래한다. 하이퍼인플레이션의 대표적인 사례로 자주 거론되는 게 1차 세계대전 직후의 독일 경제다. 당시 독일 사람들은 겨울에 난롯불을 지피는 데 지폐를 사용했다고 한다. 땔감을 구입해서 사용하는 것보다 땔감 살 돈을 직접 태우는 게 오히려 비용이 더 적게 들었기 때문이다. 앞서 언급한 짐바브웨에서 생긴 문제도 바로 하이퍼인플레이션이다.

그 외에 스태그플레이션, 애그플레이션 등의 현상이 있다. 스태그플레이션stagflation은 경기침체를 뜻하는 스태그네이션stagnation과 인플레이션의 합성어로 경기가 불황일 때 나타나는 고물가 현상을 뜻한다. 높은 인플레이션은 경기가 호황일 때 나타나는 게 일반적이지만 원유 등의 공급 부족으로 인해 원자재 가격이 급등하면 경기가 불황일 때도 높은 인플레이션이 생길 수 있는데 그런 경우를 가리켜 스태그플레이션이라고 한다. 애그플레이션agflation은 농업을 뜻하는 애그리컬처agriculture와 인플레이션의 합성어로 곡물 가격이 급등해 다른 물가까지 함께 오르는 현상을 가리킨다.

물가에 영향을 미치는
외부 요인

오일쇼크나 가뭄 등으로 인해 원자재 가격이나 농산물 가격 등이 급변하는 경우를 제외하면 통화량 다음으로 국내 물가에 가장 큰 영향을 미치는 요인은 환율이다. 우리나라 경제의 수입의존도가 GDP의 40%에 달할 만큼 높은 데다가 원유, 천연가스, 철광석 등 주요 원자재 대부분을 수입해서 사용하고 있기 때문에 환율이 국내 물가에 큰 영향을 미칠 수밖에 없다. 그렇다 보니 환율이 오르면 수입 물가가 비싸져 국내 물가가 오르고 반대의 경우에는 국내 물가가 안정화되는 경향이 있다.

특히 우리나라 경제에 위기가 닥치면 환율이 급등해 물가 역시 급등하는 경향이 있다. 과거의 사례를 거울삼아보면 경제위기 때 물가가 급등하는 이유를 다음과 같이 풀이해볼 수 있다.

우리나라 경제에 위기가 닥치면 국내 주식과 채권에 투자된 외국자본이 원화 자산을 팔고 해외로 대거 빠져나가며, 그 과정에서 국내 외환시장에서 달러의 수요(환전)가 급증하기 때문에 환율이 급등한다. 그리고 환율이 급등하면 수입 상품의 달러 표시 가격에 변동이 없더라도 원화 환산 가격이 오르기 때문에 국내 물가가 동반 상승하는 결과를 가져온다.

경제위기 발생 후 주요 일간지의 경제 헤드라인

구분	2007년 글로벌 금융위기	1997년 외환위기	1990년 증시파동
환율	· 환율 폭등 · 증시 폭락… 금융시장 '공황' · 환율 36원 폭등 1570원 '3월 패닉' · 환율 또 폭등 '11년 만에 최고' · 엔화 빌린 中企, 환율 폭등에 '비명' · 자살 부른 '환율'… 40대 女 사업가, 폭등 손실 못 견뎌	· 환율 · 금리 '동반 폭등' · 환율 급등 사상 최고치 · 금리 · 환율 폭등 연쇄도산 우려 · 환율 급등 "해외 출장 겁나요" · 환율 급등 곳곳서 외화예금 하루 1억 달러씩 급증	· 환율 가파른 상승 행진 · 대미 · 일 환율 급등 계속 · 환율 급등 외환 거래 주춤 · 환율 오르자 너도나도 "달러 바꾸자" · 환율 급등 동향에 각계 촉각
물가	· 환율 때문에… 물가 상승 비상 · '환율 폭탄'에 수입 물가 급등 · 물가 10년 만에 최고 상승 · 환율 폭등 여파 수입 원자재값 '껑충', 생필품값 '들썩' · 'MB물가' 고통 끝이 안 보인다… 소비자물가 급등	· 자고 나면 물가 폭등 · 환율 폭등 여파 물가 '비상' · 환율 폭등 물가 인상 '직격탄' · 물가 진정 급하다 · 원자재 인상 → 소비재 인상 도미노 물가 공포 어쩌나	· 물가 9년 만에 최대 폭등 · 물가 큰일났다 1.4분기만 3.2% 올라 · '물가 폭등' 잡기엔 정부 대책 역부족 · 기획원 물가 폭등 억제 수단 없어 발만 동동 · 물가 폭등 장보기 겁나 정부 억제책 서둘러야

예를 들어 오늘 환율이 달러당 1000원이고 해외시장에서 거래되는 바나나의 가격이 개당 1달러라고 가정해보자. 그러면 바나나의 수입

가격을 원화로 환산하면 개당 1000원이다. 그런데 만약 내일 환율이 2배 오른 달러당 2000원으로 급등한다면 해외시장에서 바나나가 여전히 1달러에 거래되더라도 국내로 들어오는 바나나의 수입 가격은 개당 2000원으로 오른다. 따라서 국내에서 거래되는 바나나의 가격도 급등하게 된다.

이렇듯 경제위기로 인해 외국자본이 해외로 썰물처럼 빠져나가면 환율이 급등하고 그 결과 국내 물가 역시 급등한다. 때문에 경제 위기 상황을 읽기 위해선 환율과 물가의 변동을 주의 깊게 지켜봐야 한다.

디플레이션과
장기불황

국가 전체적으로 물가가 지속해서 떨어지는 현상을 디플레이션deflation 이라고 하는데, 물가가 오르면 돈의 가치가 떨어지는 것과 반대로 물가가 떨어지면 돈의 가치는 오른다. 오늘은 1000원을 주고 빵을 1개 살 수 있다가도 물가가 절반으로 떨어지면 내일은 1000원에 빵을 2개나 살 수 있다. 똑같은 1000원이지만 그 가치는 인플레이션 때와는 반대로 두 배가 되는 것이다. 따라서 100만 원을 버는 사람의 소득이 200만 원으로 증가하는 효과가 생긴다. 여기까지만 생각하면 개인의 입장에서는 물가가 떨어지는 게 무조건 좋은 일인 것처럼 보인다.

하지만 실상은 그렇지 않다. 산업기술의 발달로 인해 기업의 생산비용과 물류비용 등이 감소해 물가가 떨어진다면 사람들이 싼값에 물건을 살 수 있고 기업도 적정한 이윤을 남길 수 있기 때문에 좋은 현상이다. 그러나 물건의 수요가 공급에 미치지 못해서 물가가 지속적으로 떨어지면 경제가 악화된다. 기업의 생산성이 향상되어 물가가 떨어지는 것은 경제에 이롭지만 물건이 팔리지 않아서 물가가 떨어지는 것은 경제에 해롭다는 뜻이다.

이와 같은 현상은 주로 경기가 과열된 이후에 발생하며 경기침체가 지속되는 경우에도 발생한다. 경기가 좋을 때 기업은 장사가 잘되니 물건의 생산량을 계속 늘린다. 경기는 점점 뜨거워져 과열 상태에 이르고 기업의 생산량은 정점에 달한다. 이후 물건의 생산량(공급)이 수요를 초과하는 공급 과잉 단계에 이르게 되면, 이때부터 기업은 생산된 물건을 다 팔지 못하게 되고 창고에는 재고가 쌓이게 된다. 기업은 재고를 처분하기 위해 물건을 헐값에 내놓는다. 이때는 매출이 증가해도 이익이 감소하거나 손해가 생긴다. 이 과정에서 부도를 내거나 대출금 상환을 연체하는 기업이 증가해 금융시장에서 신용경색이 발생한다. 이로 인해 기업이 하나둘 망하고 실직자가 증가해 국가경제가 악화된다.

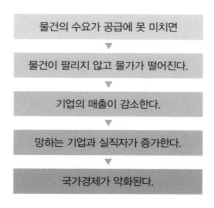

물건의 수요가 공급에 못 미치면

▼

물건이 팔리지 않고 물가가 떨어진다.

▼

기업의 매출이 감소한다.

▼

망하는 기업과 실직자가 증가한다.

▼

국가경제가 악화된다.

많은 사람이 물가가 떨어지는 게 곧 물가가 안정되는 것이라고 생각하는데 엄밀히 말하면 그 둘은 서로 다른 개념이다. 높은 인플레이션 상태에서 물가가 떨어지는 건 안정화되었다고 할 수 있지만 '물가 하락=물가 안정'의 등식이 언제나 성립하는 건 아니라는 뜻이다. 물가가 안정된 상태란 뒤집어보면 돈의 가치가 안정된 상태를 말한다. 사람들이 현재 소득으로 먹고살기가 어렵지 않고 기업은 장사가 잘되어 적정한 이윤을 남기는 상태다. 이런 상태에서는 국가경제가 꾸준히 성장한다. 그런데 물건의 수요가 공급에 미치지 못해 물가가 지속적으로 떨어지면 기업이 위태로워지고 그로 인해 많은 사람들이 일자리를 잃거나 소득이 감소한다. 따라서 국가 전체적으로 기업의 투자지출과 개인의 소비지출이 감소해 경제가 악화되는 것이다.

자본주의 경제는 화폐의 증발과 신용팽창에 의해 통화량이 계속 증가해야만 유지가 가능한 시스템이기 때문에 기본적으로 인플레이션이 지속될 수밖에 없는 구조를 갖고 있다. 하지만 일단 디플레이션이 생기면 경제에 미치는 충격파는 디플레이션이 인플레이션보다 훨씬 더 크다고 많은 경제학자는 말한다. 1920대의 세계 대공황이나 잃어버린 20년이라고 불리는 일본 경제의 사례에서 보면 그 충격이 어느 정도인지 짐작할 수 있을 것이다.

최근 들어 우리나라에서도 경기 불황이 장기화되고 물가지수도 낮은 수준을 유지하고 있기 때문에 디플레이션에 대한 우려의 목소리가 심심치 않게 나오고 있다. 만약 우리나라의 경제가 실제로 디플레이션에 빠지게 된다면 경제가 성장하지 않고 축소될 것이기 때문에 디플레이션에 머무는 동안에는 내가 주장하는 부자의 기회를 기대하기는 어려울 것이다. 하지만 영원히 디플레이션에 머물지 않는 한 언젠가는 인플레이션으로 바뀔 것이기 때문에 경제의 성장과 위기가 교차하는 과정에서 생기는 부자의 기회는 결국 그 모습을 드러낼 것이다.

금리가 뛰면
부자의 기회를
의심하라

금리는
돈의 가격이다

우리가 물건, 이를테면 정수기를 빌려서 사용한 뒤에 사용료를 지불하듯 돈을 빌렸을 때도 사용료를 지불해야 한다. 이때 빌린 돈에 대한 사용료를 '이자'라고 하며 원금에 대한 이자의 비율을 '이자율' 또는 '금리'라고 한다.

point

이자 : 빌린 돈에 대한 사용료.

금리 = 이자율

예를 들어 당신이 은행에서 1000만 원(원금)을 빌린 뒤 100만 원(이자)을 사용료로 지불한다면 금리는 10%(이자÷원금)다. 반대로 당신이 은행에 돈을 맡기면 은행이 당신에게 사용료를 지불한다. 은행에 예금하는 것은 은행에게 돈을 빌려주는 것과 같기 때문이다. 은행은 당신이 예금한 돈, 즉 당신에게서 빌린 돈을 다시 다른 사람이나 기업에게 빌려주고 사용료를 받는다. 그리고 그 사용료에서 은행의 몫을 뗀 뒤 남은 돈을 당신에게 사용료로 지불한다.

　당신이 예금금리 10%의 조건으로 은행에 1000만 원을 예금한다고 가정해보자. 그러면 은행은 대출금리 11%의 조건으로 다른 사람에게 1000만 원을 빌려준다. 그리고 은행은 다른 사람에게서 110만 원의 대출이자를 받은 뒤 당신에게 100만 원의 예금이자를 지불한다. 나머지 10만 원은 은행의 몫으로 챙기는데 이를 '예대마진'이라고 한다. 예대마진은 대출금리와 예금금리의 차이를 뜻하는 것으로 은행의 가장 중요한 수입원이다. 만약 은행이 존재하지 않는다면 예금금리와 대출금리는 동일할 것이다. 왜냐하면 돈의 사용료인 금리는 돈을 빌리는(대출) 입장에서 보면 '비용'이고 돈을 빌려주는(예금) 입장에서 보면 '대가'가 되는 것이므로 기본적으로는 '대출금리(비용)=예금금리(대가)' 관계가 성립하기 때문이다. 다만 돈을 빌리는 자와 빌려주는 자 사이에서 은행이 중개역할을 하면서 예대마진을 취하기 때문에 '대출금리 〉예금금리'의 관계가 되는 것이다.

단리의 예금과 복리의 대출

금리는 원금에서 발생하는 이자를 계산하는 방식에 따라 단리와 복리로 구분한다. 단리는 최초의 원금에 대해서만 이자를 계산하는 방식이기 때문에 돈을 빌리거나 빌려준 기간 동안 이자율의 변동이 없다면 매년 발생하는 이자도 변동하지 않는다. 예를 들어 당신이 예금금리 연 10%의 조건으로 은행에 3년 동안 1000만 원을 예금한다고 가정해보자. 이자를 단리 방식으로 계산하면 매년 100만 원의 이자가 발생하며 3년 동안 변동하지 않는다.

단리 방식 계산

경과 기간	원금	이자율	이자
1년째	1000만 원	10%	100만 원
2년째	1000만 원	10%	100만 원
3년째	1000만 원	10%	100만 원
이자 총계			300만 원

반면에 복리는 최초의 원금에 이자를 가산해서 계산하는 방식이기 때문에 매년 이자가 증가한다. 앞선 사례에서 이자를 복리 방식으로 계산하면 첫 해에는 100만 원의 이자가 발생하고 그 다음 해에는 110만 원, 마지막 해에는 121만 원의 이자가 발생한다.

복리 방식 계산

경과 기간	원금	이자율	이자
1년째	1000만 원	10%	100만 원
2년째	1100만 원 (1000만 원 + 100만 원)	10%	110만 원
3년째	1210만 원 (1000만 원 + 100만 원 + 110만 원)	10%	121만 원
이자 총계			331만 원

복리는 계산 주기에 따라 월 복리, 3개월 복리, 6개월 복리, 연 복리 등으로 구분하는데 월 복리는 1개월마다 이자가 원금에 가산되고 연 복리는 12개월마다 이자가 원금에 가산된다. 따라서 복리의 계산 주기가 짧을수록 이자가 많아진다.

단리와 복리는 원금이 작거나 계산 기간이 짧을 때는 이자에 큰 차이가 없지만 원금이 크거나 계산 기간이 길 때는 시간이 갈수록 그 차이가 크게 벌어진다. 다음의 그래프는 최초 원금이 1000만 원이고 이자율이 연 10%일 때 10년 동안 단리 방식으로 계산된 이자와 복리(연 복리) 방식으로 계산된 이자의 변화를 보여준다.

경과 기간별 이자

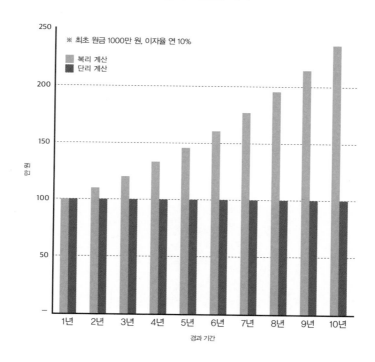

※ 최초 원금 1000만 원, 이자율 연 10%

복리 계산
단리 계산

경과 기간

그림을 보면 단리 방식으로 계산된 이자는 매년 변동이 없지만 복리 방식으로 계산된 이자는 매년 증가하기 때문에 해마다 이자의 차이가 점점 더 크게 벌어지는 것을 확인할 수 있다. 따라서 은행에서 돈을 빌릴 때는 대출금리를 단리 방식으로 요구하는 게 유리하고, 은행에 돈을 예금할 때는 예금금리를 복리 방식으로 요구하는 게 유리하다. 하지만 우리가 은행에 금리 계산 방식을 요구할 권한이 없다는 게 문제다. 우리가 희망하는 바와는 반대로, 은행은 대출금리는 대부분 복리 방식으로 계산하고 예금금리는 대부분의 경우 단리 방식으로 계산한다. 어떤 계산 방식을 선택할 것인지는 순전히 은행 마음대로다.

은행이 알려주지 않는
실질금리

　돈의 가치를 명목가치와 실질가치로 구분하듯이 금리도 '명목금리'
와 '실질금리'로 구분한다. 우리가 은행에 가서 예금을 하거나 대출을
받을 때 은행 직원이 "연 몇 %입니다"라고 이자율을 알려주는데 이것
이 바로 명목금리다. 실질금리는 명목금리에서 물가상승률을 뺀 것인
데 이것은 은행 직원이 알려주지 않는다.

point

명목금리 : 은행 직원이 알려주는 이자율(통장에 표시되는 이자율)

실질금리 = 명목금리 − 물가상승률

　명목금리가 물가상승률보다 높으면 실질금리는 플러스가 되고 명목
금리가 물가상승률에도 못 미치면 실질금리는 마이너스가 된다. 돈의

가치를 따질 때 명목가치보다 물가와 비교한 실질가치가 더 중요하듯이 금리를 따질 때도 명목금리보다 물가상승률을 제외한 실질금리가 더 중요하다. 왜냐하면 그것이 우리가 예금한 돈의 실질가치, 즉 구매력의 변동을 좌우하기 때문이다.

지금 당신의 지갑 속에 100만 원이 있고 물가가 1000원이라고 가정해보자. 그러면 당신은 100만 원으로 물건을 1000개 구입할 수 있다. 하지만 물건을 구입하는 대신 예금금리 연 10%의 조건으로 은행에 100만 원을 예금한다고 가정해보자. 그러면 1년 뒤 은행으로부터 원금과 이자를 합해 110만 원을 받을 것이다. 따라서 돈의 명목가치는 10만 원 증가한다. 그런데 그 사이 물가가 10% 올라 물건이 1100원이 된다면 돈의 실질가치는 전혀 증가하지 않은 것이 된다. 왜냐하면 오늘 100만 원이든 1년 뒤 110만 원이든 구입할 수 있는 물건의 개수, 즉 구매력은 1000개로 동일하기 때문이다.

만약 예금금리가 연 15%라면 1년 뒤 구입할 수 있는 물건의 개수가 1045개이므로 돈의 실질가치는 4.5% 증가한다. 반면에 예금금리가 연 5%라면 1년 뒤 구입할 수 있는 물건의 개수가 955개이므로 돈의 실질가치는 4.5% 감소한다.

실질금리가 마이너스이면 예금금리가 물가상승률에도 못 미치는 것이기 때문에 시간이 지날수록 돈의 실질가치, 즉 구매력이 감소한다. 이처럼 물가상승으로 인해 눈 뜨고 앉아서 돈(실질가치)을 까먹게 되는 위험을 '구매력 위험' 또는 '인플레이션 위험'이라고 한다. 따라서 돈을 저축하고 투자할 때 적어도 물가상승률 이상의 수익률을 얻기 위해 노력할 필요가 있다.

실질금리는 예금에서 생기는 이자뿐만 아니라 대출금에서 생기는 이자의 실질가치도 좌우한다. 만약 은행에서 실질금리 마이너스의 조건으로 대출을 받는다면 시간이 지날수록 당신이 지불하는 이자의 실질가치가 절감되는 효과가 생긴다. 따라서 당신은 상대적인 이익을 얻고 은행은 손해를 본다. 하지만 그런 일은 거의 생기지 않는다. 왜냐하면 은행이 실질금리 마이너스의 조건으로 예금금리를 제시하는 경우는 있지만 대출금리를 그렇게 제시하는 경우는 없기 때문이다. 쉽게 말하면 은행은 손해 보는 일을 절대로 하지 않는다.

돈의 수요와 공급이
금리를 결정한다

　금리는 돈의 가격(사용료)이다. 그래서 물건의 가격을 '비싸다', '싸다' 라고 표현하듯이 금리 역시 '비싸다', '싸다'라고 표현한다. 물건의 가격이 변동하면 '물가 인상', '물가 인하'라는 말을 사용하듯이 금리가 변동할 때도 '금리 인상', '금리 인하'라는 말을 사용한다. 돈의 가격인 금리는 물건의 가격인 물가처럼 수요와 공급에 따라 변동한다. 그래서 금융시장에서 돈을 빌리려는 수요, 즉 대출 수요가 증가하면 금리가 오르고 반대의 경우에는 금리가 떨어진다.

대출 수요가 증가하면	대출 수요가 감소하면
▼	▼
금리가 오른다.	금리가 떨어진다.

금리와 물가는 무엇의 가격이라는 점에서 비슷한 속성을 갖고 있지만 서로 반대 방향으로 움직이는 경향이 있다. 금리와 물가에 공통적으로 영향을 미치는 것은 통화량이다. 시중에 유통되는 통화량이 증가하면 물가는 오르고 금리는 떨어진다. 왜냐하면 '통화량의 증가'는 물가 측면에서 보면 '물건의 수요'가 증가한 것이지만 금리 측면에서 보면 '돈의 공급'이 증가한 것이기 때문이다. 돈의 공급이 증가하면 그만큼 돈의 수요가 상대적으로 감소하는 것이기 때문에 금리가 떨어진다. 쉽게 말하면 시중에 돈이 흔하니까 싸게 팔리는 것이다. 그래서 금리가 떨어졌다는 건 그만큼 돈의 가치가 떨어졌다는 뜻도 된다. 반대로 시중에 유통되는 통화량이 감소하면 물가는 떨어지고 금리는 오른다. 이때는 시중에 돈이 귀하니까 비싸게 팔리는 것이다. 그래서 금리가 올랐다는 건 그만큼 돈의 가치가 올랐다는 뜻도 된다.

금융시장에서 대출 수요가 증가하면 금리가 오른다. 채권시장에서 채권의 매도세가 증가해도 금리가 오른다. 채권의 매도세가 증가한다는 건 채권을 팔려는 사람이 사려는 사람보다 더 많다는 것을 뜻한다.

그러면 채권 가격이 떨어지고 금리가 오른다. 이런 개념을 바탕으로 경제위기 때 금리가 급등하는 이유는 다음과 같이 풀이해볼 수 있다.

경제위기 발생 후 주요 일간지의 경제 헤드라인

구분	2007년 글로벌 금융위기	1997년 외환위기	1990년 증시파동
금리	• 국고채금리 폭등… 6년 만에 최고치 • 회사채 투매에 금리 폭등… 연 7.66% 7년 만에 최고 • 주택대출금리 10% 육박 '속 타는 채무자' • 채권시장도 흔들 시중금리 폭등 • 금리 뛰고 환율 요동… IMF 이후 '최악'	• 금리 폭등 회사채 18.55% • 예금 인출… 주가 폭락… 금리 급등… 금융 시장 '공황' • 금리 폭등 자금시장 마비 CP 21.05% 거래 • 장단기금리 연일 폭등 • 금리 폭등, 막을 방법 없나	• 실세금리 폭등 회사채금리 19.45% • 정부정책이 금리 폭등 불렀다 • 시중금리 폭등 • 작년 7천여 기업… 금리 폭동 자금난 • 금리 폭등에 정부 비상

우리나라 경제에 위기가 닥치면 은행은 돈 떼일 것을 염려해 신규 대출을 축소하고 신용 심사를 강화한다. 이미 대출한 자금의 만기 연장에 까다로운 것은 물론이다. 돈 떼일 것을 염려한 채권 투자자는 채권을 매도해 자금을 회수하려 하고, 새로 발행되는 채권은 거들떠보지도 않는다. 결과적으로 개인이든 기업이든 신용 리스크(부도위험)가 커져서 돈 빌려 쓰기가 어려운 여건이기 때문에 금리가 급등하고, 돈이 잘 돌지 않으니 시중에 유통되는 통화량은 급감한다. 이렇게 통화량이 급감함에도 경제위기 때 물가가 떨어지지 않고 오히려 급등하는 이유는 환율 상승으로 인한 물가 상승세가 통화량 감소로 인한 물가 하락세보다 우세하기 때문이다.

금융정책의 기준, 한국은행의 기준금리

　'기준금리'란 물가 안정을 위해 한국은행이 인위적으로 결정하는 금리를 말하는데 이는 중앙은행(은행의 은행)인 한국은행이 금융회사와 돈을 거래할 때 기준이 되는 정책금리다. 쉽게 말하면 우리가 은행에서 돈을 빌리듯 은행도 한국은행에서 돈을 빌린다. 은행이 한국은행에서 돈을 빌릴 때 적용되는 대출금리가 바로 기준금리다. 은행은 한국은행에서 대출한 돈을 다시 개인과 기업에게 대출한다. 금융시장에서 금리는 기본적으로 수요와 공급에 따라 변동하지만 기준금리는 한국은행이 마음대로 결정한다. 한국은행은 매월 금융통화위원회를 열어 국내외의 경기 동향과 물가 동향 등을 고려해 기준금리를 결정해서 발표하고 있다.

　경기가 호황일 때 사람들은 소득이 증가하니까 소비를 늘리고 기업은 장사가 잘되니까 생산량을 늘리기 위해 설비투자와 고용을 늘린다. 은행에서 돈을 빌려 쓰는 수요도 증가한다. 개인이든 기업이든 속된 말로 흥청망청 돈을 써대는 것이다. 따라서 시중에 유통되는 통화량이 계속 증가하고 물가도 점점 오른다. 이 시기에는 통화량이 증가해도 금리가 떨어지지 않고 오히려 야금야금 오르는 경향이 있다. 왜냐하면 대출 수요가 풍부하기 때문이다.

그런데 경기가 호황을 넘어 과열되면 지나친 인플레이션이 발생해 경제가 악화될 수 있다. 그런 문제가 생기는 것을 막기 위해 한국은행은 기준금리를 인상함으로써 경기를 진정시키고 물가를 안정시키려고 한다. 한국은행이 기준금리를 인상하면 금융회사도 따라서 금리를 인상한다. 그러면 비싸진 대출금리 때문에 은행에서 돈을 빌리려는 수요가 감소하고 이미 돈을 빌려 쓴 개인과 기업은 은행에 지불해야 하는 이자가 증가하기 때문에 소비지출과 투자지출을 줄인다. 빌린 돈은 한 푼이라도 빨리 갚으려고 한다. 그 과정에서 경기가 한풀 꺾이고 시중에 유통되는 통화량이 감소해 물가의 오름세가 약해진다.

반면에 경기가 불황일 때 사람들은 먹고살기가 힘드니까 소비지출을 줄이고 기업은 장사가 안 되니까 설비투자를 줄이고 고용을 늘리지 않는다. 그 과정에서 개인의 소비지출과 기업의 투자지출이 감소해 시중에 유통되는 통화량이 감소하고 물가가 떨어진다. 그리고 이 시기에는 통화량이 감소해도 대출 수요가 함께 감소하기 때문에 금리가 오르지 않고 오히려 야금야금 떨어지는 경향이 있다. 그런데 이런 상황이 지속되면 디플레이션이 생길 수 있다.

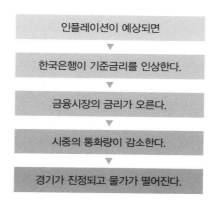

앞서 말했듯이 디플레이션은 인플레이션보다 경제에 더 나쁜 영향을 미칠 수 있다. 그래서 디플레이션이 생기는 것을 막고 경기를 부양하기 위해 한국은행은 기준금리를 인하한다. 한국은행이 기준금리를 인하하면 금융회사도 따라서 금리를 인하한다. 그러면 은행에서 돈을 빌리려는 수요가 증가하고 빌린 돈으로 소비를 늘리는 사람들도 증가한다. 그래서 기업의 매출이 점차 늘고 생산량을 늘리기 위해 돈을 빌려서라도 설비투자와 고용을 늘리는 기업이 많아진다. 그 과정에서 개인의 소비지출과 기업의 투자지출이 증가해 경기가 호전되고 시중에 유통되는 통화량이 점차 증가해 물가도 오른다.

장기적으로 보면 물가(물가상승률)는 오르고 내리기를 반복하며 금리 역시 오르고 내리기를 반복한다. 한국은행은 물가 안정을 위해 인플레이션 목표치를 정해두고 물가가 그 범위를 벗어나지 않도록 기준금리를 조정하는 금융정책을 펴는데 이를 물가안정목표제inflation targeting라고 한다. 2014년 현재 한국은행의 물가 안정 목표는 소비자물가상승률을 연 2.5%~3.5% 사이에서 관리하는 것이다. (그런데 잘 안 된다.)

한국은행은 물가 안정을 위해 기준금리를 조정하는 금융정책 외에도 '공개시장조작' 정책을 편다. 공개시장조작이란 한국은행이 직접 금융시장에서 돈을 풀거나 흡수하는 방식으로 시중의 통화량을 조절하는 정책이다. 이를 위해 한국은행은 금융시장에서 채권을 팔거나 사들인다. 또한 통화안정증권(한국은행이 통화량을 조절하기 위해 발행하는 증권으로 흔히 '통안채'라고 불린다)을 발행하기도 한다. 한국은행이 채권을 거나 통안채를 발행하면 금융시장의 돈이 한국은행으로 흘러들어오기 때문에 시중에 유통되는 통화량이 감소한다. 그 결과 물가가 떨어지고 금리가 오른다. 반대로 한국은행이 금융시장에서 채권을 사들이면 한국은행의 돈이 금융시장으로 흘러나오기 때문에 통화량이 증가해 물가가 오르고 금리가 떨어진다.

그 외에도 한국은행은 시중은행의 '지급준비율'을 조정해 통화량을 조절하기도 한다. 우리가 은행에 예금을 하면 은행은 그 돈으로 다른 개인과 기업에게 대출을 한다. 은행은 우리가 예금한 돈을 전부 대출하지 않고 우리가 돈을 인출하려고 할 때를 대비해 예금 중 일부를 한국은행에 예치하거나 금고에 넣어둔다. 예를 들어 은행의 예금 총액이

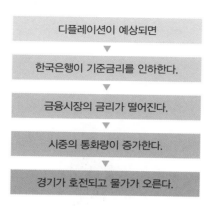

디플레이션이 예상되면

▼

한국은행이 기준금리를 인하한다.

▼

금융시장의 금리가 떨어진다.

▼

시중의 통화량이 증가한다.

▼

경기가 호전되고 물가가 오른다.

1000만 원이라면 그중 900만 원을 돈이 필요한 사람들에게 대출하고 나머지 100만 원은 예금주가 인출할 것에 대비해 남겨둔다는 뜻이다. 이때 남겨진 100만 원을 지급준비금이라고 하며 예금 총액(1000만 원) 대비 지급준비금(100만 원)의 비율(10%)을 지급준비율이라고 한다. 한국은행은 시중은행이 일정 수준 이상의 지급준비율을 유지하도록 규제하고 있는데 이를 법정지급준비율이라고 한다. 한국은행이 법정지급준비율을 인상하면 은행이 개인이나 기업에게 대출할 수 있는 돈이 그만큼 감소하기 때문에 시중의 통화량이 감소하며, 반대의 경우에는 통화량이 증가한다.

환율로
해외자본의
흐름을 읽어라

세계시장에서 원화 가치의 척도, 환율

환율이란 외국 화폐와 우리나라 화폐의 교환비율을 말하는데 외국 화폐를 하나의 상품처럼 간주해 그것의 가격을 원화로 표시한다. 쉽게 말하면 우리가 물건에 가격을 매기듯이 외국 돈에 가격을 매긴 게 환율이다. 달러 환율이 1000원이라는 것은 '1달러' 지폐 한 장의 가격이 1000원이라는 뜻이다. 우리가 엽서 한 장이 1000원이라고 가격을 매기는 것과 같은 개념이다.

환율이 오르는 것은 달러의 가격이 오르는 것이다. 물가(물건의 가격)가 오르면 물가와 비교한 돈의 가치가 떨어지는 것처럼 환율(달러의 가격)이 오르면 달러와 비교한 원화의 가치가 떨어진다. 즉, 환율이 1000원에서 1100원으로 오르면 달러 대비 원화의 가치가 10% 떨어진 것이다. 그래서 환율이 오르면 원화가 '평가절하'되었다고 표현한다. 반대로 달러 환율이 떨어지는 것은 달러의 가격이 떨어지는 것이다. 물가가 떨어지면 물가 대비 돈의 가치가 오르는 것처럼 환율이 떨어지면 달러 대비 원화의 가치가 오른다. 환율이 1000원에서 900원으로 떨어지면 달러 대비 원화의 가치가 10% 오른 것이다. 그래서 환율이 떨어지면 원화가 '평가절상'되었다고 표현한다.

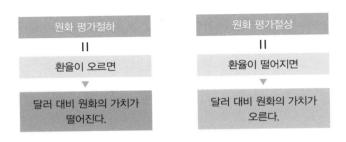

국내기업이 외국기업과 거래할 때는 대부분의 경우 거래대금을 세계 공용 화폐(기축통화)인 미국 달러화로 치른다. 그래서 사람들이 다른 설명 없이 그냥 '환율'이라고 말하면 보통 미국 달러 환율을 뜻한다. 환율의 변동에 따라 국가 간 자본의 이동 규모가 달라지고 수출입 규모도 달라지기 때문에 환율이 국가경제에 미치는 영향은 대단히 크다.

환율은
어떻게 결정되는가

환율은 기본적으로 외환시장에서 달러의 수요와 공급에 따라 결정된다. 외환시장에서 공급에 비해 달러를 사려는(원화를 달러로 환전하려는) 수요가 증가하면 환율이 오르고 달러의 수요가 감소하면 환율이 떨어진다.

그리고 달러의 수요와 공급은 여러 가지 경제지표에 의해 영향을 받는데 그중 대표적인 게 물가와 금리다. 즉, 환율은 국가 간 물가수준의 차이를 반영하고 금리수준의 차이도 반영한다.

우선 물가 측면에서 살펴보면, 예를 들어 맥도널드 햄버거가 우리나라에서는 1000원에 팔리는데 미국에서는 1달러에 팔린다고 가정해보자. 우리나라의 맥도널드 햄버거와 미국의 맥도널드 햄버거의 양과 질 등이 동일하다고 가정하면, 두 햄버거의 가격도 동일해야 하므로 적정한 환율은 1달러에 1000원(달러당 1000원)으로 볼 수 있다. 그런데 현재 외환시장에서 환율이 달러당 900원에 거래되고 있다면 달러가 제값보다 싸게 거래되는 것으로 볼 수 있다.

즉, 달러는 저평가되어 있고 원화는 고평가되어 있는 상태다. 따라서 제값보다 싸게 거래되는 달러의 수요가 증가해 환율이 오르고 시간이 지나면 적정한 환율인 달러당 1000원에 도달할 것이다. (우리가 미국산 햄버거를 자유롭게 사 먹을 수 있다고 가정하면, 미국산 햄버거가 국내산 햄버거보다 싸기 때문에 미국산 햄버거의 국내 수요가 늘어 수입이 증가한다. 우리는 미국산 햄버거의 수입대금을 달러로 지불해야 하기 때문에 국내 외환시장에서 달러의 수요가 증가한다. 현재 900원인 환율은 점차 올라 적정 환율인 1000원에 도달하게 된다.)

반대로 현재 외환시장에서 환율이 달러당 1100원에 거래되고 있다면 달러가 제값보다 비싸게 거래되는 것으로 볼 수 있다. 따라서 고평가된 달러의 수요가 감소해 환율이 떨어지고 시간이 지나면 역시 달러당 1000원에 도달할 것이다. (이 경우에는 미국산 햄버거가 국내산 햄버거보다 비싸기 때문에 국내산 햄버거의 미국 수요가 늘어 수출이 증가한다. 우리는 국내산 햄버거의 수출대금을 달러로 받기 때문에 국내 외환시장에서 달러의 공급이 증가한다. 그러면 현재 1100원인 환율은 점차 떨어져 적정 환율인 1000원이 된다.)

국가 간 물가의 차이뿐만 아니라 물가상승률의 차이도 환율에 영향을 미친다. 예를 들어 앞의 사례에서 우리나라 물가상승률이 연 10%이고 미국의 물가상승률은 연 5%, 오늘 환율은 달러당 1000원이라고 가정해보자. 1년 뒤에는 맥도널드 햄버거가 우리나라에서 1100원에 팔리고 미국에서는 1.05달러에 팔린다면 1년 뒤 적정환율은 1.05달러에

1100원(달러당 1048원)으로 볼 수 있다. 이처럼 국가 간 물가 차이에 따라 환율이 결정된다고 보는 이론을 '구매력 평가설'이라고 한다.

우리가 신문이나 뉴스를 통해 종종 듣게 되는 '빅맥지수'라는 게 바로 구매력 평가설에 따라 각국의 환율을 비교하기 위해 작성되는 통계다. 빅맥버거는 맥도날드의 대표 상품으로서 2014년 7월 현재 빅맥버거가 우리나라에서는 4달러에 판매되고 있지만 미국에서는 4.8달러에 판매되고 있다. 환율이 달러당 1000원이라고 가정하면 한국에서는 4000원에 판매되고 있는 것인데 양 국가의 빅맥버거가 동등한 가치를 지녔다면 적정 환율은 달러당 833원(4.8달러=4000원)이다.

따라서 환율 1000원은 고평가(원화 저평가)되어 있다고 볼 수 있다. 그런데 환율은 국가 간 한두 가지 상품의 가격에 의해서만 영향을 받는 게 아니라 전반적인 물가수준에 의해 영향을 받기 때문에 빅맥지수는 각국의 물가수준을 단순 비교하기 위한 참고자료로써 활용될 뿐이다.

point

구매력 평가설 : 국가 간 물가 차이에 따라 환율이 결정된다.

국가 간 금리 차이도 환율에 큰 영향을 미친다. 예를 들어 우리나라 은행의 예금금리가 연 10%이고 미국 은행의 예금금리는 연 5%, 현재 환율은 달러당 1000원이라고 가정해보자. 이때 우리나라 은행에 1000원을 예금하면 1년 뒤 이자가 붙어 1100원이 되지만 미국 은행에 1달러를 예금하면 1.05달러가 된다.

그런데 만약 원화를 어떤 국가에 예금하든(우리나라 은행에 예금하든, 달러로 바꿔 미국 은행에 예금하든) 수익률이 같다고 전제하면 1년 뒤 적정 환율은 1.05달러에 1100원(달러당 1048원)으로 볼 수 있다.

example 현재 환율이 1,000원이고, 1년 뒤 환율이 1,048원인 경우

		예금액	금리	만기 상환액	수익률
원화일 경우	한국의 은행	1,000원	10%	1,100원	10%
	미국의 은행	1달러 (1,000원을 환전)	5%	1.05달러 (1,100원으로 환전)	10%
달러일 경우	한국의 은행	1,000원 (1달러를 환전)	10%	1,100원 (1.05달러로 환전)	5%
	미국의 은행	1달러	5%	1.05달러	5%

point

즉, 1,000원을 한국에 예금하든 달러로 바꿔서
미국에 예금하든 수익률이 같다.

이처럼 국가 간 금리의 차이에 따라 환율이 결정된다고 보는 이론을 '이자율 평가설'이라고 하는데, 이는 국가 간 자본 이동이 자유로울 경

우 자본을 어떤 국가에 투자하든 수익률이 같다는 전제하에 환율의 결정 방식을 설명한다.

이자율 평가설 : 국가 간 금리 차이에 따라 환율이 결정된다.

환율이
한국 경제에 미치는 영향

    우리나라의 무역의존도는 세계 최고 수준으로 수출입 총액이 GDP 의 100%를 넘을 만큼 높다. 환율 변동이 국가경제에 미치는 영향이 대단히 클 수밖에 없다. 금리가 변동하면 환율이 변동하고 환율의 변동은 다시 국내기업의 무역활동에 직접적인 영향을 미친다. 금리가 떨어지면 환율이 오르고 환율이 오르면 국가 전체적으로 기업의 수출이 증가한다. 반대로 금리가 오르면 환율이 떨어지고 환율이 떨어지면 국가 전체적으로 수출이 감소한다.

금리가 떨어지면	금리가 오르면
▼	▼
환율이 오른다.	환율이 떨어진다.
▼	▼
수출이 증가한다.	수출이 감소한다.

환율이 오르면 수출이 잘되기 때문에 기업은 돈을 벌지만 수입 물가가 비싸져 국내 물가가 오르기 때문에 사람들의 지갑이 얇아진다. 반면에 환율이 떨어지면 기업은 수출에 어려움을 겪지만 수입 물가가 떨어져 국내 물가가 안정되기 때문에 개인의 실질소득이 증가하는 효과가 생긴다.

수출 측면에서 볼 경우 환율이 오르면 외국기업의 입장에서는 국내기업의 상품 가격이 떨어진 것과 같다. 왜냐하면 같은 금액의 달러를 주고 구매할 수 있는 상품의 양이 증가하기 때문이다. 예를 들어 외국기업이 1달러를 주고 국내기업이 생산한 1000원짜리 연필 1자루를 구입한다고 가정해보자. 환율이 2배 오르면 외국기업은 1달러를 주고 국내기업의 연필 2자루를 구입할 수 있다. 국내기업이 실제로 연필을 제값보다 싸게 파는 건 아니다. 1000원짜리 연필을 여전히 1000원에 팔고 있지만 외국기업의 입장에서 보면 개당 1달러에 구입하던 연필을 절반 가격인 0.5달러에 구입할 수 있는 것이다. 환율이 올라 평가절하된 원화의 가치가 엔화(일본), 위안화(중국) 등 우리나라와 수출 경쟁 관

계에 있는 국가의 통화 가치(달러 대비)에 비해 약세라면, 해외시장에서 국내기업이 일본기업과 중국기업보다 연필을 싸게 팔 수 있기 때문에 수출 가격 경쟁력에서 우위를 갖게 된다. 그뿐 아니라 일본과 중국으로 수출되는 연필의 가격도 떨어지는 효과가 생긴다. 이처럼 환율이 오르면 외국기업이 국내기업의 상품을 싸게 구입할 수 있으므로 해외시장에서 국내기업이 생산한 상품의 수요가 증가해 수출이 증가한다. 평소에 수출을 많이 하는 기업의 매출액과 이익도 증가한다.

만약 환율이 오른 뒤에도 국내기업이 연필의 달러 표시 가격을 인하하지 않고 여전히 개당 1달러에 수출한다면 외국기업의 입장에서는 가격 변동이 없는 것이지만 국내기업의 입장에서는 개당 1000원에 팔던 연필을 2000원에 파는 셈이기 때문에 수출 물량이 동일하더라도 매출액이 2배로 증가하며 이익도 크게 증가한다.

반면에 수입 측면에서 볼 경우 환율이 오르면 국내기업의 입장에서는 외국기업의 상품 가격이 오른 것과 같다. 국내기업이 1000원을 주고 외국기업이 생산한 0.5달러짜리 오렌지 2개를 구입하다가 환율이 2배 오르면 똑같은 1000원을 주고 1개밖에 구입하지 못한다. 외국기업역시 실제로 오렌지를 제값보다 비싸게 파는 건 아니다. 0.5달러짜리 오렌지를 여전히 0.5달러에 팔고 있지만 국내기업의 입장에서 보면 개당 500원에 구입하던 오렌지를 두 배 가격인 1000원에 구입하는 것과 똑같은 것이다.

수입 측면에서는 환율이 오르면 국내기업이 외국기업의 상품을 비싸게 구입해야 하므로 국내시장에서 판매 이윤이 감소하고 오렌지 가격이 올라 사람들이 사먹지 않게 된다. 국내시장에서 수입 상품의 수요가 감소하고 수입량이 감소하게 되면 평소에 수입을 많이 하는 국내기업의 매출액과 이익이 감소한다. 해외로부터 들여오는 상품 가격이 비싸지기 때문에 국내 물가가 상승한다.

결과적으로 환율이 오르면 수출이 증가하고 수입이 감소하는 효과가 생긴다. 하지만 오른 환율은 시간이 지남에 따라 다시 제자리(오르기 전의 환율)로 돌아오려는 경향이 있다. 국내기업은 외국기업으로부터 수출대금을 달러로 받은 뒤 국내에서 원화로 환전한다. 따라서 수입에 비해 수출이 증가하면 국내 외환시장으로 유입되는 달러가 증가하기 때문에 환율이 점차 떨어져 제자리로 돌아오는 것이다.

이번에는 환율이 떨어지는 경우에 대해 살펴보자. 우선 수출 측면에서 볼 경우 환율이 떨어지면 외국기업의 입장에서는 우리나라 기업의 상품 가격이 오른 것과 같다. 외국기업이 1달러를 주고 국내기업이 생산한 지우개를 2개씩 구입하다가 환율이 절반으로 떨어지면 1개밖에 구입할 수 없기 때문이다. 환율이 떨어져 평가절상된 원화의 가치가 엔화, 위안화 등의 가치(달러 대비)에 비해 강세가 되면 해외시장에서 국내기업의 수출 가격 경쟁력은 열세가 된다. 따라서 해외시장에서 국내기업이 생산한 상품의 수요가 감소해 국가 전체적으로 수출이 감소하고 평소에 수출을 많이 하는 기업의 매출액과 이익이 감소한다. 국내기업의 수출 물량이 감소하지 않더라도 환율이 떨어진 만큼 상품의 수출 가격(달러)을 인상하지 못하면 외국기업의 입장에서는 가격 변동이 없는 것이지만 국내기업의 입장에서는 제값(원화)을 못 받고 싸게 파는 셈이 되기 때문에 수익성이 악화된다. 따라서 수출 물량이 증가해도 오히려 손해를 보는 일이 생길 수 있다.

반면에 수입 측면에서 볼 경우 환율이 떨어지면 국내기업의 입장에서 는 외국기업의 상품 가격이 떨어진 것과 같다. 국내기업이 1달러를 주고 외국기업이 생산한 초콜릿 1개를 구입하다가 환율이 절반으로 떨어지면 2개나 구입할 수 있다. 이처럼 환율이 떨어지면 결과적으로 외국기업의 상품을 싸게 구입할 수 있기 때문에 수입 상품의 수요가 증가해 우리나라 전체적으로 수입이 증가하고 평소에 수입을 많이 하는 국내기업의 매출액과 이익이 증가한다. 해외로부터 값싼 상품이 많이 들어오기 때문에 국내의 물가 안정에도 도움이 된다.

환율이 떨어지면 결과적으로 수출이 감소하고 수입이 증가하는 효과가 생긴다. 하지만 환율이 오른 경우와 마찬가지로 시간이 지남에 따라 떨어진 환율은 다시 제자리(떨어지기 전의 환율)로 돌아오려는 경향이 있다. 국내기업은 외국기업에게 수입대금을 달러로 지불해야 하므로 국내에서 원화를 달러로 환전한다. 따라서 수출에 비해 수입이 증가하면 국내 외환시장에서 달러의 수요가 증가하기 때문에 환율이 점차 올라 제자리로 돌아오는 것이다.

왜 외국인 투자자는
금리에 따라 들락날락하는가

이번에는 금리와 환율의 관계를 좀 더 자세히 알아보자. 금리는 국내 외환시장에서 달러의 수요와 공급에 큰 영향을 미친다. 여기에는 외국인 투자자가 금리에 따라 자본을 이동시키는 것도 한몫한다. 국내 금융시장에서 금리가 오르면 국내로 유입되는 외국자본이 증가하고 금리가 떨어지면 외국자본이 해외로 빠져나가기 때문이다.

어제까지 우리나라와 미국의 금융시장에서 금리가 모두 연 3%였는데 오늘은 국내의 금리가 연 5%로 인상되고 미국은 연 3%로 변동이 없다고 가정해보자. 그러면 2%포인트의 금리차익을 얻기 위해 미국의 은행에서 대출을 받거나 돈을 인출해서 우리나라의 채권을 매수하거나 우리나라의 은행에 예금하려는 외국인이 증가할 것이다. 이처럼 금리가 낮은 국가에서 대출을 받거나 돈을 인출해 금리가 높은 국가의 금융시장에 투자하는 행위를 '캐리트레이드carry trade'라고 한다.

```
┌─────────────────────────────────┐
│          금리가 오르면            │
└─────────────────────────────────┘
                 ▼
┌─────────────────────────────────┐
│    외국자본의 국내 유입이 증가한다.    │
└─────────────────────────────────┘
                 ▼
┌─────────────────────────────────┐
│  외환시장에 달러의 공급이 증가한다.   │
└─────────────────────────────────┘
                 ▼
┌─────────────────────────────────┐
│          환율이 떨어진다.          │
└─────────────────────────────────┘
```

　외국인이 우리나라의 금융시장에 투자하려면 미국에서 가져온 달러를 원화로 환전해야 한다. 따라서 국내로 유입되는 외국자본이 증가하면 외환시장에 달러의 공급이 증가하기 때문에(또는 원화의 수요가 증가하기 때문에) 환율이 떨어진다. 그러면 외국인은 2%포인트의 금리차익 외에도 환율이 떨어지면서 생기는 환차익도 얻을 수 있다.

　환차익이란 해외여행을 떠나는 경우를 생각해보면 이해가 쉽다. 미국으로 여행을 떠난다고 가정해보자. 여행을 떠나기 전에 미국에서 사용할 경비를 마련해야 하므로 한국에서 원화를 달러로 환전한다. 즉, 원화를 주고 달러를 산다. 이때 환율이 달러당 1000원이라면 100만 원을 주고 1000달러를 살 수 있다. 그런데 환율이 달러당 500원으로 떨어지면 100만 원을 주고 2000달러를 살 수 있다. 100만 원으로 1000원짜리 사과를 1000개 살 수 있는데 사과값이 500원으로 떨어지면 2000개 살 수 있는 것과 같은 이치다. 즉, 환율이 떨어지면 같은 금액의 원화를 주고 매수(환전)할 수 있는 달러의 양이 많아진다.

국내 금융시장에 투자하고 있는 외국인도 원화(자산)를 들고 있는 상태이기 때문에 자국으로 돌아갈 때는 원화를 다시 달러로 환전해야 한다. 따라서 외국인이 우리나라 금융시장에 투자한 뒤에 환율이 떨어지면 자국으로 돌아갈 때는 환율이 떨어진 만큼 이익을 얻는다. 환율이 달러당 1000원일 때 외국인이 국내 은행에서 1000달러를 환전해 100만 원을 예금했다고 가정해보자. 그런데 한 달 뒤 환율이 달러당 500원으로 떨어지고 그때 마침 외국인이 자국으로 투자금을 회수한다면 그는 예금액 100만 원을 환전해 2000달러를 손에 쥐게 된다. 그는 국내 금융시장에 1000달러를 투자해 2000달러를 가져가므로 1000달러의 이익을 얻는 것이다. 이처럼 환율 변동에 따라 생기는 이익을 '환차익'이라고 하며 반대로 환율이 올라 환율 차이만큼 생기는 손해를 '환차손'이라고 한다.

하지만 시간이 갈수록 떨어진 환율은 다시 제자리(떨어지기 전의 환율)로 돌아오려는 경향이 있다. 국내로 유입되는 외국자본이 증가할수록 우리나라의 채권을 매수하거나 우리나라 은행에 예금하려는 수요가 증가한다. 따라서 우리나라의 채권 가격은 점차 오르고 금리는 점차 떨어진다. 우리나라 금리가 미국의 금리만큼 떨어지면 금리 차익을 노리고 국내로 유입되는 외국자본이 감소한다. 외환시장에서 달러 공급이 감소하면 떨어진 환율은 오름세로 바뀌어 제자리로 돌아오는 것이다.

이번에는 위의 예와 반대의 경우로 어제까지 우리나라와 미국의 금리가 연 3%였는데 오늘은 우리나라 금리가 연 1%로 인하되고 미국 금리는 연 3%로 변동이 없다고 가정해보자. 그러면 국내 은행에 예금한 돈을 찾거나 우리나라의 채권을 팔아 미국으로 다시 돈을 가져가려는 외국인이 증가한다. 우리나라 은행에서 대출을 받아 미국 은행에 예금을 하거나 미국 채권을 매수하는 사람도 증가할 것이다. 그런데 외국인이 미국으로 다시 돈을 가져가려면 원화를 달러로 환전해야 한다. 따라서 국외로 유출되는 외국자본이 증가하면 외환시장에 달러의 수요가 증가하기 때문에 환율이 오른다.

이 경우에도 시간이 갈수록 오른 환율은 다시 제자리(오르기 전의 환율)로 돌아가려는 경향이 있다. 우리나라의 채권을 팔거나 국내 은행에서 돈을 인출해 떠나려는 외국인이 증가할수록 국내 채권 가격은 점차 떨어지고 금리는 점차 오른다. 우리나라 금리가 미국 금리만큼 오르면 국외로 유출되는 외국자본이 감소한다. 그렇기 때문에 외환시장에서 달러 수요가 감소하며 오른 환율이 내림세로 바뀌어 제자리로 돌아오는 것이다.

환율은 외환시장에서 달러의 수요와 공급에 따라 변동한다. 과거 세 번의 위기를 통해 경제위기 때 환율이 급등하는 이유를 다음과 같이 풀이해볼 수 있다.

우리나라 경제에 위기가 닥치면 자본 손실에 대한 우려 때문에 국내 주식과 채권에 투자된 외국자본이 앞다퉈 원화 자산을 팔고 해외로 빠져나간다. 경제위기 때는 국내 금리가 뛰어올라도 자본 손실에 대한 우려 때문에 도망가려는 외국자본을 잡아두기가 어렵다. 그러니 원화를 달러로 바꾸는 외국인이 많아지고 국내 외환시장에서 달러의 수요

가 급증해 환율이 급등한다. 안전자산으로 인식되는 달러 투자의 수요
역시 증가하기 때문에 환율 급등에 더 불을 붙인다.

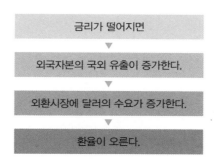

금리가 떨어지면

▼

외국자본의 국외 유출이 증가한다.

▼

외환시장에 달러의 수요가 증가한다.

▼

환율이 오른다.

경제위기 발생 후 주요 일간지의 경제 헤드라인

구분	2007년 글로벌 금융위기	1997년 외환위기	1990년 증시파동
환율	• 환율 폭등 · 증시 폭락… 금융시장 '공황' • 환율 36원 폭등 1570원 '3월 패닉' • 환율 또 폭등 '11년 만에 최고' • 엔화 빌린 中企, 환율 폭등에 '비명' • 자살 부른 '환율'… 40대 女사업가, 폭등 손실 못 견뎌	• 환율 · 금리 '동반 폭등' • 환율 급등 사상 최고치 • 금리 · 환율 폭등 연쇄도 산 우려 • 환율 급등 "해외 출장 겁나요" • 환율 급등 곳곳서 외화 예금 하루 1억 달러씩 급증	• 환율 가파른 상승 행진 • 대미 · 일 환율 급등 계속 • 환율 급등 외환 거래 주춤 • 환율 오르자 너도나도 "달러 바꾸자" • 환율 급등 동향에 각계 촉각

3장

부자의 기회를 잡기 위한 투자지식

금리가 오르면
채권에
주목하라

채권은 매매가 가능한 차용증서다

채권이란 정부, 지방자치단체, 공공기관, 금융기관, 기업 등이 사업에 필요한 자금을 마련하기 위해 발행하는 유가증권이다. 개인 간에 돈거래를 할 때 채무자(빌리는 사람)는 언제 얼마를 빌렸는지, 빌린 돈을 언제까지 갚을 것인지, 이자는 얼마를 줄 것인지 등을 차용증서에 기재해, 채권자(빌려주는 사람)에게 준다. 채권의 내용도 이와 같다. 즉, '채권'은 발행기관이 투자자에게 작성해주는 일종의 '차용증서'라고 이해하면 된다.

point 채권은 일종의 차용증서다.

채권은 발행기관에 따라 국채(정부), 지방채(지방자치단체), 특수채(공공기관), 통안채(한국은행), 금융채(금융기관), 회사채(기업) 등으로 구분하며 기업이 1년 미만의 단기 자금을 마련하기 위해 발행하는 기업어음CP도 채권의 한 종류로 볼 수 있다. 넓은 의미에서 보면 은행의 예금도 채권으로 볼 수 있다. 왜냐하면 우리가 은행에 돈을 맡기고 이자를 받는 것은 은행에 돈을 빌려주고 이자를 받는 것과 마찬가지이기 때문이다.

'지방채와 특수채'를 묶어서 '공채', '국채와 공채'를 묶어서 '국공채'로 구분하기도 한다. 또한 이자 지급 방식에 따라 이표채, 복리채, 단리채, 할인채 등으로 구분한다. 이표채는 이자 쿠폰이 달려 있다고 해서 흔히 쿠폰채권이라고도 불리는데 1개월, 3개월, 6개월 등 정기적으로 이자를 분할 지급한 뒤 만기일에 원금을 지급한다. 국내기업의 회사채는 3개월마다 이자를 지급하는 3년 만기의 이표채가 가장 많이 발행되고 있다. 복리채는 이자를 분할해서 지급하지 않고 만기일에 원금과 함께 복리로 계산된 이자를 한꺼번에 지급하며, 단리채는 만기일에 원금과 함께 단리로 계산된 이자를 한꺼번에 지급한다. 할인채는 액면가보다 싸게 발행하는 채권을 말하는데 돈을 빌려줄 때 선이자를 뗀다고 생각하면 이해가 쉽다. 이를 테면 발행기관이 액면가가 1만 원인 채권을 9500원에 발행한 뒤 만기일에는 액면가 그대로 1만 원을 상환하는 식이다. 발행가와 액면가의 차이 500원이 이자인 셈이다.

채권시장은 대개 공공기관과 기업이 수십억에서 수백억 원의 대규모 물량으로 거래하는 시장이지만 개인도 소량으로 채권을 매매할 수 있으며 증권사나 은행이 고객에게 직접 판매하는 채권을 매수할 수도 있다. 채권 매매 방법에 대해서는 4장에서 좀 더 자세히 이야기하겠다.

빚 갚을 능력을 나타내는 채권의 신용등급

당신이 은행에 가서 대출 신청을 하면 은행은 먼저 당신이 빚 갚을 능력이 있는지 알아보기 위해 신용등급을 조회한다. 신용등급이 적정 등급 이상이면 돈을 빌려주지만 신용등급이 낮으면 돈을 빌려주더라도 이자를 더 받거나 너무 낮으면 빌려주지도 않는다. 신용평가사와 금융회사가 개인의 신용등급을 평가하듯 기업 전문 신용평가사(나이스신용평가, 한국기업평가, 한국신용평가 등)는 기업과 채권의 신용등급을 평가한다. 회사채의 신용등급은 AAA등급(상환 능력 최상)에서 D등급(상환 불능 상태)까지 나누어져 있는데 평가 등급을 크게 양분해서 BBB등급 이상의 채권을 '투자등급 채권', 그 미만의 채권을 '투기등급 채권'으로 구분한다.

정부가 발행하는 국채는 신용등급이 가장 우수한 채권으로 간주되고 그 외에 지방자치단체, 공공기관 등이 발행하는 공채의 신용등급도 국채에 준하는 것으로 간주된다.

채권에 투자해서 대박을 노릴 게 아니라면 투자등급 채권에만 투자하는 게 바람직하다. 경기가 나쁠 때는 투자등급 중 가장 낮은 등급인 BBB등급의 채권도 투자에 신중해야 한다. 왜냐하면 신용등급이 투기등급으로 강등될 위험이 커지기 때문이다. 채권의 신용등급이 투기등급으로 강등되면 채권 가격이 급락하며 무엇보다 중도에 매도하려고

회사채의 신용등급

투자등급	AAA	상환 능력 최고 수준
	AA	상환 능력 매우 우수
	A	상환 능력 우수
	BBB	상환 능력 양호
투기등급	BB	당장 문제는 없지만 불안정
	B	상환 능력 부족
	CCC	채무 불이행 가능성 있음
	CC	채무 불이행 가능성 높음
	C	채무 불이행 가능성 매우 높음
	D	상환 불능 상태

기업어음(CP)의 신용등급

투자등급	A1	상환 능력 최고 수준
	A2	상환 능력 우수
	A3	상환 능력 양호
투기등급	B	당장 문제는 없지만 불안정
	C	채무 불이행 가능성 있음
	D	상환 불능 상태

해도 매수자를 찾기가 어려울 수 있다. 신용등급이 떨어진다는 것은 기업의 경영 상태가 악화되어 부도 위험이 커진 것을 뜻한다. 즉, 채권에 투자한 돈을 떼일 위험이 커지는 것이다.

부도 건수 및 연간 부도율 추이

출처 : 금융투자협회

구분		2008년	2009년	2010년	2011년	2012년
부도 건수	투자등급	1	5	5	2	2
	투기등급	10	14	9	3	8
연간 부도율 (%)	AAA	0.0	0.0	0.0	0.0	0.0
	AA	0.0	0.0	0.0	0.0	0.0
	A	0.0	0.0	0.0	0.6	0.6
	BBB	0.9	8.0	8.9	1.7	1.6
	BB	13.3	17.9	7.1	2.5	5.4
	B	9.2	5.9	5.4	10.5	9.1
	CCC	13.3	10.0	54.5	0.0	28.6
	CC	0.0	0.0	0.0	0.0	0.0
	C	0.0	66.7	33.3	0.0	75.0
	투자등급	0.3	1.8	1.4	0.5	0.4
	투기등급	10.9	11.5	12.1	5.6	16.2
	전체	2.5	3.8	3.0	0.9	1.5

※ 부도 : 신용정보업상 부도뿐만 아니라 채무자 권리행사가 제한되는 워크아웃, 기업구조조정촉진법 대상 기업을 포함.

2012년 부도업체 및 연초 등급

출처 : 금융투자협회

투자등급 (2개사)	웅진홀딩스(A-), 삼환기업(BBB)
투기등급 (8개사)	한라산업개발(BB+), 한성엘컴텍(BB-), 비앤비성원(B+), 세종기업(CCC), 지앤디윈텍(CCC), 네이처글로벌(C), 동양텔레콤(C), 세계투어(C)

신용등급에 따른 채권의 발행금리

　채권의 발행금리란 정부나 기업이 채권을 발행할 때 투자자에게 얼마의 이자를 주겠다고 약속하는 이자율을 말한다. 발행금리가 채권의 권면에 기재되어 있어 흔히 '표면금리', 또는 '표면이자율'이라고도 불린다. 자금 사정이 긴박한 경우가 아니라면 A등급 이상의 기업은 발행금리를 시장금리(이를 테면 은행의 정기예금 금리 등)보다 높게 주지 않는다. 정부와 공공기관이 발행하는 국공채도 마찬가지다. 왜냐하면 금리를 높게 주지 않아도 채권에 투자하려는 사람들, 즉 돈을 빌려주려는 사람이 많기 때문이다.

　반면에 BBB등급 이하의 신용등급이 낮은 기업은 발행금리를 시장금리보다 높게 준다. 그렇지 않으면 채권에 투자하려는 사람이 아무도 없을 것이기 때문이다. 제2금융권으로 불리는 저축은행의 예금금리가 제1금융권 은행의 예금금리보다 높은 이유도 그 때문이다. 은행에 비해 부도날 위험이 상대적으로 높은 저축은행이 시중은행과 똑같은 이자를 준다면 돈을 맡길 사람이 아무도 없을 것이다.

기업이 채권을 발행할 때 발행금리는 국채금리를 기준으로 잡고 거기에 가산금리를 더해서 결정한다. 우리가 은행에서 대출을 받을 때와 유사한 개념이다. 은행의 대출금리는 기준금리와 가산금리로 구성된다.

point 은행 대출금리 = 자체 기준금리 + 가산금리

여기서 기준금리란 한국은행이 결정하는 기준금리가 아니라 은행이 대출금리를 결정할 때 기준으로 잡는 금리를 말하는 것이다. 은행은 대출 영업을 하기 위해 밖에서 자금을 끌어오는 데 들인 비용(자금조달비용)과 예대마진, 시장금리 등을 고려해 자체적으로 대출의 기준이 되는 금리를 결정한다.

가산금리는 대출을 신청한 개인이나 기업의 신용등급, 대출 기간 등을 고려해서 더해지는 금리를 말한다. 예를 들어 A은행의 자체 기준금리가 3%이고 당신의 신용등급 등을 고려한 가산금리가 2%이면 대출금리는 5%가 된다. 신용등급이 높으면 가산금리가 낮지만 신용등급이 낮으면 가산금리는 높아진다. 신용등급에 따라 사람을 차별하는 것이다. 따라서 당신과 나의 신용등급이 다르면 가산금리가 다르기 때문에 같은 기간 동안 같은 금액을 대출받더라도 대출금리가 달라진다.

채권의 발행금리도 은행의 대출금리와 유사한 방식으로 결정된다.

우리나라에서 신용등급이 가장 높은 채권인 국채금리를 기준으로 잡고 거기에 가산금리가 더해져 발행금리가 최종 결정된다.

point **채권 발행금리 = 국채금리 + 가산금리**

₩예를 들어 국채금리가 3%이고 가산금리가 4%이면 채권의 발행금리는 7%가 되는 것이다. 가산금리는 기업의 신용등급, 채권 만기일, 채권의 예상 수요량, 시장금리 등을 고려해 결정되는데 신용등급이 높은 기업의 채권은 가산금리가 낮은 반면에 신용등급이 낮은 기업의 채권은 가산금리가 상대적으로 높은 수준에서 결정된다.

가산금리는 국채와 회사채의 신용등급 차이를 반영하기 때문에 '신용스프레드'라고도 한다. 경기 불황으로 인해 금융시장에서 기업이 돈을 빌리기 어려울 때는 채권시장에서 평균적인 신용스프레드가 커진다. 기업이 필요한 자금을 마련하기 어려우니 그만큼 가산금리가 높아지기 때문이다. 반면에 경기가 호황이고 시중에 돈이 넘쳐나면 신용스프레드는 작아진다.

채권의 매매가는
어떻게 결정되는가

　채권에 투자하면 만기일에 발행기관으로부터 원금과 이자를 지급받는다. 그중 이표채만 보유 기간 동안 정기적으로 이자를 지급받는다. 일부 변동금리형 채권을 제외하면 대부분의 채권은 은행의 정기예금처럼 확정이자를 주는 확정금리형 금융상품이다. 그래서 채권을 영어로 'fixed income'이라고 표현한다. 즉, 채권은 매수와 동시에 수익률이 정해진다.

　하지만 채권은 매매가 가능하기 때문에 만기일 이전에 주인이 여러 번 바뀔 수 있다. 그래서 만기일 이전에 다른 사람에게 매도하면 채권시장의 금리에 따라 수익률이 변동한다. 발행기관은 만기일에 채권의 최종 소유자에게 원금과 이자를 지급하기 때문에 채권에 투자한 뒤 만기일 이전에 다른 사람에게 매도하면 발행기관이 아닌 매수자로부터 원금과 보유 기간에 따라 계산된 이자를 지급받는다. 채권 가격(시세)이 오르면 이자와는 별도로 매매차익도 얻을 수 있다. 반대로 채권 가격이 떨어지면 원금 손실이 생길 수 있다.

채권시장의 금리와 채권 가격은 마치 시소타기를 하듯이 정확히 반대 방향으로 움직인다. 채권이 발행된 뒤 시장금리가 떨어지면 채권 가격이 오른다. 반대로 채권이 발행된 뒤 시장금리가 오르면 채권 가격이 떨어진다.

금리가 오르면	금리가 떨어지면
▼	▼
채권 가격이 떨어진다.	채권 가격이 오른다.

따라서 시장금리가 높은 시기가 채권 투자의 적기다. 왜냐하면 금리가 높다는 것은 그만큼 채권 가격이 싸다는 것을 의미하기 때문이다. 고금리 시기에 채권을 싸게 매수한 뒤 향후 시장금리가 떨어지면 채권 가격이 오르기 때문에 매도하여 매매차익을 얻을 수 있다.

하지만 반대로 채권에 투자한 뒤 시장금리가 많이 오르면 채권 가격이 떨어지기 때문에 원금 손실이 생길 수 있다. 다만 채권을 매수한 뒤 중도에 매도하지 않고 만기일까지 보유하면 시장금리가 아무리 많이 올라도(채권 가격이 아무리 많이 떨어져도) 만기일이 되면 발행기관으로부터 원리금을 상환받기 때문에 원금 손실은 생기지 않는다. 이처럼 다소 미묘한 금리와 채권 가격의 관계를 좀 더 명확히 이해하기 위해 몇 가지 예를 들어보겠다.

먼저 오늘 A기업이 사업을 확장하는 데 필요한 자금을 마련하기 위해 다음과 같은 조건으로 '채권1'을 발행한다고 가정해보자(사례①).

example 채권1 발행 조건과 수익 구조

액면가	발행금리	만기	만기 상환액
10,000원	연 10%	1년	11,000원

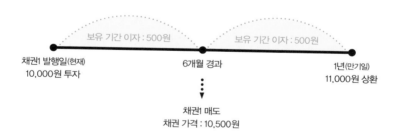

※ 보유 기간 이자를 정확히 계산하면 앞 구간은 487원, 뒤 구간은 513원이며 매매 가격을 정확히 계산하면 10,487원이다. 독자의 이해를 쉽게 하기 위해 보기 편한 근사값으로 표기했다. 사실 채권의 보유 기간 이자와 매매 가격 등을 계산하는 방법은 일반적인 전자계산기로 계산하기 어려울 만

큼 복잡하다. 실제로 채권을 매매할 때는 증권사의 홈페이지나 증권 거래 소프트웨어에서 제공하는 채권계산기를 활용해 보유 기간 이자와 매매 가격을 계산할 수 있기 때문에 굳이 계산 방법을 정확히 알 필요는 없다. 따라서 본 책에서는 채권의 수익 구조만 이해하고 넘어가도록 하자.

오늘 당신이 1만 원을 투자해서 채권1을 매수하면 1년 뒤 A기업으로부터 원금 1만 원과 이자 1000원을 합해 총 1만 1000원을 상환받게 된다.

그런데 당신이 채권1을 만기일까지 보유하지 않고 6개월 뒤 매도한다고 가정해보자. 그러면 당신에게서 채권1을 매수하는 홍길동 씨는 액면가 1만 원과 당신이 지난 6개월 동안 보유한 것에 대한 기간 이자 500원을 합해 총 1만 500원을 당신에게 지불한다. 그리고 만기일에 A기업은 채권1의 최종 소유자인 홍길동 씨에게 1만 1000원을 지급한다. 홍길동 씨는 채권1을 1만 500원에 매수해서 1만 1000원을 상환 받으니까 당신처럼 6개월 동안 보유한 것에 대한 기간 이자 500원을 챙기는 셈이다. 이것이 채권 매매의 기본적인 흐름이다.

하지만 이 경우는 채권1을 매수한 뒤 시장금리가 변동하지 않을 때를 가정한 것이고 실제 채권시장에서는 금리가 수시로 변동하기 때문에 채권 가격도 수시로 바뀐다.

이번에는 당신이 채권1을 1만 원에 매수한 뒤 채권시장에서 금리가 계속 올라 6개월 뒤 30%까지 뛰어올랐고, 이때 A기업이 사업 자금이 좀 더 필요해 다음과 같은 조건으로 '채권2'를 발행한다고 가정해보자

(사례②).

example 채권2 발행 조건과 수익 구조

액면가	발행금리	만기	만기 상환액
10,000원	연 30%	1년	13,000원

채권2 발행일(현재)　　　　6개월 경과　　　　　　1년(만기일)
10,000원 투자　　　　　　　　　　　　　　　　13,000원 상환
보유 기간 이자 : 1,500원　　　　　보유 기간 이자 : 1,500원

※ 보유 기간 이자를 정확히 계산하면 앞 구간은 1,398원이고 뒤 구간은 1,602원이다.

시장금리가 30%까지 올랐는데 A기업이 채권1의 발행금리(10%)와 동일한 조건으로 채권2를 발행하면 아무도 그것을 사려고 하지 않을 것이다. 새로 발행되는 채권금리나 은행의 예금금리가 30%인데 어느 누가 10%짜리 채권을 사겠는가? 따라서 A기업은 적어도 30% 이상의 조건으로 채권2를 발행해야 필요한 자금을 마련할 수 있다.

example 채권2를 발행한 시점에 채권1을 팔 경우

그런데 이 시기에 당신이 채권1을 매도하면 홍길동 씨는 당신에게

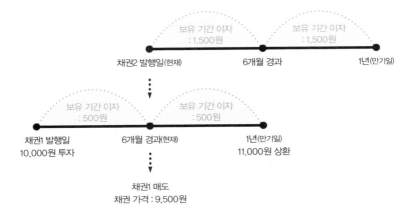

채권2 발행일(현재)　　　　6개월 경과　　　　1년(만기일)

보유 기간 이자 : 1,500원　　보유 기간 이자 : 1,500원

채권1 발행일　　　　　6개월 경과(현재)　　　1년(만기일)
10,000원 투자　　　　　　　　　　　　　　11,000원 상환

보유 기간 이자 : 500원　　보유 기간 이자 : 500원

채권1 매도
채권 가격 : 9,500원

※ 채권1의 매매 가격을 정확히 계산하면 9,644원이다. 계산 방법은 생략하고 채권을 매수한 뒤 시장 금리가 오르면 왜 채권 가격이 떨어지는지 그 이유만 이해하고 넘어가도록 하자.

9500원만 지급한다. 따라서 당신은 이자는커녕 원금 1만 원에서 500원을 손해 본다. 반면 채권1을 9500원에 매수한 홍길동 씨는 만기일에 A 기업으로부터 1만 1000원을 상환받기 때문에 1500원의 수익이 생긴다. 그중 500원은 채권1에서 지급되는 이자이고 1000원은 채권1을 사고팔아 생기는 매매차익이다.

사례①에서는 홍길동 씨가 당신에게 1만 500원을 지불하는데, 이 경우는 당신이 채권1을 매수한 후에 시장금리가 변동하지 않을 때를 가정한 것이다. 하지만 지금은 시장금리가 많이 올랐기 때문에 상황이 전혀 다르다. 채권2의 발행금리(30%)가 채권1(10%)보다 훨씬 높기 때문에 당신이 채권1을 싸게 팔지 않으면 홍길동 씨는 그것을 살 이유가 전혀 없다. 따라서 당신은 홍길동 씨가 채권2를 매수할 경우에 준하는 수익률을 얻을 수 있도록 채권1을 액면가보다도 싸게 팔 수밖에 없고, 이로 인해 원금 손실이 생긴다. 반면 홍길동 씨는 시장금리가 뛰어오른 시기에 값이 떨어진 채권1을 헐값에 매수했기 때문에 이자는 물론, 매매차익까지 얻게 된다.

그렇다고 당신이 무조건 원금을 손해 봐야 하는 건 아니다. 채권1을 매수한 뒤 시장금리가 아무리 높이 뛰어도 만기일까지 보유하면 A기업으로부터 원리금을 전부 상환받을 수 있다. 단, A기업이 부도를 내지 않는다면 말이다.

point

채권을 매수한 뒤 금리가 많이 오르면 원금 손실이 생길 수 있으나, 만기일까지 보유하면 원리금을 전부 상환받을 수 있다.

이번에는 시장금리가 떨어지는 경우를 살펴보자. 당신이 채권1을 1만 원에 매수한 뒤 사례②와는 반대로 채권시장에서 금리가 계속 떨어져 6개월 뒤 1%까지 떨어졌고, 이 시점에 A기업이 다음과 같은 조건으로 '채권3'를 발행한다고 가정해보자(사례③).

example **채권3 발행 조건과 수익 구조**

액면가	발행금리	만기	만기 상환액
10,000원	연 1%	1년	10,100원

채권3 발행일(현재)   6개월 경과   1년(만기일)
10,000원 투자   10,100원 상환

보유 기간 이자 : 50원   보유 기간 이자 : 50원

채권시장의 금리가 1%로 떨어졌기 때문에 A기업은 굳이 비싼 금리 조건으로 채권3을 발행할 이유가 없다. 발행금리를 2%만 줘도 채권3을 사려는 사람들이 구름처럼 몰려들 것이기 때문이다. A기업은 시장금리인 1%의 조건으로 채권3을 발행해도 필요한 자금을 마련할 수 있다.

example 채권3을 발행한 시점에 채권1을 팔 경우

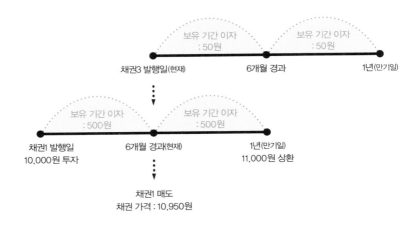

※ 채권1의 매매 가격을 정확히 계산하면 10,945원이다. 계산 방법은 생략하고 채권을 매수한 뒤 시장 금리가 떨어지면 왜 채권 가격이 오르는지 그 이유만 이해하고 넘어가도록 하자.

그런데 이 시기에 당신이 채권1을 매도하면 홍길동 씨는 당신에게 1만 950원을 지급해야 한다. 이 경우 당신은 950원의 수익을 얻는다. 그중 500원은 기간 이자이고 450원은 매매차익이다. 채권1을 1만 950원에 매수한 홍길동 씨는 만기일에 A기업으로부터 1만 1000원을 받기 때문에 50원의 이자가 생긴다.

사례②와는 달리 채권1의 발행금리(10%)가 새로 발행된 채권3(1%)

보다 훨씬 더 높기 때문에 당신은 채권1을 홍길동 씨에게 액면가보다 비싸게 팔아 매매차익을 챙길 수 있다.

point

채권을 매수한 뒤 금리가 많이 떨어지면 매매차익을 얻을 수 있다.

지금까지 살펴본 것처럼 채권을 매수한 뒤 만기일 이전에 매도할 경우 채권의 매매 가격은 매매 당시의 시장금리에 따라 결정된다. 채권을 매수한 뒤 시장금리가 오르면 채권 가격은 떨어지고, 시장금리가 떨어지면 채권 가격은 오른다. 이때 채권의 매매 가격을 결정하는 시장금리, 즉 채권 매매 당시에 채권시장에서 형성된 시장금리를 채권의 '유통금리' 또는 '유통수익률'이라고 한다.

기회의 신호탄,
주가를
주시하라

배당금과 매매차익을
동시에 얻는 주식 투자

주식은 주식회사인 기업이 사업에 필요한 자본금을 마련하기 위해 발행하는 유가증권이다. 투자자는 주식을 매수함으로써 기업에 투자하고 그 대가로서 기업의 이익 중 일부를 배당 받을 권리를 갖게 된다. 따라서 향후 주식에서 배당금이 많이 나올 것으로 예상되면 주가가 오르고 반대의 경우에는 주가가 떨어진다.

기업은 사업에 필요한 자금을 마련하기 위해 채권도 발행한다. 우리가 채권에 투자하면 기업이 이익을 내지 못해도 만기일이 되면 원금과 확정된 이자를 받을 수 있다. 반면에 우리가 주식에 투자하면 기업으로부터 원금 상환을 보장받지 못할 뿐 아니라 기업이 이익을 내지 못하면 배당금을 한 푼도 받지 못한다. 그 대신 주가는 채권 가격에 비해 변동폭이 매우 크기 때문에 주가가 쌀 때 사서 비쌀 때 팔면 채권 이자보다 훨씬 더 많은 매매차익을 얻을 수 있다.

주식 수익 = 배당금 + 매매차익

주가는 사람들이 투자하는 개별 기업의 이익 전망과 전체 주식시장의 전망에 따라 변동한다. 사람들이 어떻게 전망하느냐(심리)에 따라 주식의 수요와 공급이 변동하기 때문이다.

경기가 호황이라도 부실한 기업은 이익을 내기 어렵다. 그래서 주식시장이 뜨겁게 달아올라도 부실한 기업의 주가는 떨어진다. 그런 주식은 호황기에도 사람들이 투자를 기피하기 때문이다. 경기가 불황일 때는 우량 기업도 이익을 내기 어렵다. 주식시장이 차갑게 식으면 우량 기업의 주가도 떨어진다. 그때는 사람들이 주식 투자 자체를 기피하기 때문에 주식시장에서 돈이 썰물처럼 빠져나간다. 매에 장사 없듯이 주식시장 전체가 주저앉는데 혼자서 잘났다고 값이 오르는 주식은 찾아보기 어렵다.

또한 전반적인 경기가 호황이라도 특정 업종의 경기가 불황이면 그 업종에 속한 기업의 주가는 떨어진다. 반대로 전반적인 경기가 불황이라도 특정 업종의 경기가 호황이면 그 업종의 주가는 오른다.

그래서 주식에 투자할 때는 우량 기업의 주식을 고르는 것도 중요하지만 주식시장과 업종의 추세를 보고 매수와 매도 타이밍을 잘 잡아내는 게 훨씬 더 중요하다.

재벌기업일지라도 한 개의 기업은 넓은 바다에 떠 있는 한 척의 조각배에 불과하다. 아무리 큰 배도 파도가 출렁일 때마다 파도와 함께 오르내리듯 기업의 주가도 주식시장이 출렁일 때마다 시장과 함께 오르내린다. 그중 어떤 놈은 상대적으로 많이 오르내리고 다른 놈은 상대적으로 적게 오르내리는 차이만 있을 뿐이다. 그렇기 때문에 제아무리 우량 주식이라도 시장이 호황일 때 비싼 값에 사서 시장이 불황일 때 싼값에 팔면 손해를 볼 수밖에 없다.

큰 시장만 보라

우리나라의 주식시장은 크게 '코스피KOSPI 시장'과 '코스닥KOSDAQ 시장'
으로 구분한다. 그리고 코스피시장이나 코스닥시장에 주식이 상장되
어 거래되고 있는 기업을 '상장기업'이라고 한다. 코스피시장은 재벌기
업과 대기업 중심의 주식 거래 시장인데, 코스피시장에 주식을 상장하
려면 자기자본금 300억 원 이상, 매출액 1000억 원 이상 등의 상장 요
건을 충족해야 한다. 2013년 말 기준 코스피시장의 상장기업 수는 777
개이며, 시가총액(전체 주식의 시가 합계)은 약 1145조 원이다. 코스닥시장
은 벤처기업과 중소기업 중심의 주식 거래 시장인데, 코스닥시장에 주
식을 상장하려면 자기자본금 30억 원 이상, 매출액 100억 원 이상 등의
상장 요건을 충족해야 한다. 2013년 말 기준 코스닥시장의 상장기업
수는 1009개이며, 시가총액은 약 120조 원이다.

주식 투자를 전문적으로 할 게 아니라면 코스닥시장의 주식은 가급
적 쳐다보지 않는 게 이롭다. 코스피시장에서도 그런 일이 간혹 있지

만 코스닥시장은 지금 이 순간에도 사기꾼들에 의해 주가 조작이 일어나고 있다. 종종 뉴스에 보도되는 코스닥시장의 주가조작 사례는 빙산의 일각에 불과하다는 게 나의 생각이다. 심증은 있지만 물증이 없기 때문에 드러나지 않는 사례가 훨씬 더 많을 것이다. 흙 속의 진주와도 같은 코스닥 주식을 발견하면 대박이 날 수도 있겠지만 주식 투자를 업으로 삼지 않는 보통 사람이 그런 주식을 찾아낼 확률은 로또 복권 1등에 당첨될 확률보다 조금 더 나은 정도일 것이다. 코스닥시장에서는 우량하다고 소문난 기업조차 뇌경색 환자처럼 어느 날 갑자기 예고도 없이 쓰러지는 일이 종종 일어난다. 가장 흔한 예가 재무제표를 조작하는 분식회계를 하다가 들통 나는 경우다. 부도가 나거나 상장폐지되는 기업의 주식은 화장실에서나 사용할 수 있다(사실 실물 증서가 없기 때문에 화장실에서도 사용할 수 없다). 물론 코스피시장에서도 주가조작이나 분식회계를 하다가 들통 나는 일이 종종 있지만 코스피시장의 우량 기업에 투자하면 적어도 어느 날 갑자기 주식이 휴지 조각이 될 가능성은 극히 적다.

어떤 기업이 '우량 기업'인지를 정의하기는 어렵지만 기업의 재무제표를 분석해서 안정성, 성장성, 수익성, 활동성 등을 따져보고 같은 업종에 있는 경쟁 기업과도 비교해 우량 기업인지 아닌지 판단해볼 수 있다. 하지만 주식 투자를 업으로 삼지 않는 보통 사람이 수많은 기업의 재무제표를 분석하고 비교해서 우량 기업을 선별하기란 무척 어려운 일이다. 그 대신 코스피시장에서 각 업종을 대표하는 기업들과 시가총액 상위의 대기업들을 우량 기업이라고 생각하면 무난하다.

코스피 시장의 업종 대표주 2014.11 시가총액 기준

업종명	대표주	2위주
건설업	현대건설	한전KPS
금융업	삼성생명	신한지주
기계	한라비스테온공조	두산중공업
비금속광물	아이에스동서	한일시멘트
서비스업	삼성SDS	NAVER
섬유의복	한세실업	LF
운수장비	현대차	현대모비스
운수창고업	현대글로비스	CJ대한통운
유통업	삼성물산	롯데쇼핑
음식료품	오리온	CJ제일제당
의료정밀	케이씨텍	디아이
의약품	유한양행	녹십자
전기가스업	한국전력	한국가스공사
전기전자	삼성전자	SK하이닉스
종이목재	한솔제지	무림P&P
철강금속	POSCO	고려아연
통신업	SK텔레콤	KT
화학	아모레퍼시픽	LG화학

코스피 시가총액 상위 종목 2014.11 기준

순위	종목명	순위	종목명
1	삼성전자	19	LG디스플레이
2	현대차	20	SK C&C
3	SK하이닉스	21	LG
4	한국전력	22	현대글로비스
5	삼성SDS	23	삼성물산
6	POSCO	24	LG전자
7	NAVER	25	하나금융지주
8	삼성생명	26	LG생활건강
9	SK텔레콤	27	롯데쇼핑
10	신한지주	28	아모레G
11	현대모비스	29	현대중공업
12	기아차	30	우리은행
13	삼성전자우	31	삼성SDI
14	KB금융	32	기업은행
15	삼성화재	33	KT
16	아모레퍼시픽	34	SK이노베이션
17	LG화학	35	고려아연
18	KT&G	36	SK

(주)대한민국의 주가, 코스피지수

주가지수란 주식시장의 움직임을 나타내는 경제지표다. 주가지수는 특정 시점의 시가총액을 기준치 100으로 정한 뒤 다른 시점의 시가총액을 기준 시점의 시가총액과 비교하여 주가의 동향을 살피는 데 활용된다. 물가를 물가지수로 표현하여 물가 동향을 살피는 것과 유사한 개념이다. 우리나라의 대표적인 주가지수는 '코스피지수'인데 1980년 1월 4일 코스피시장의 시가총액을 기준으로 잡아 작성되고 있다. 대한민국을 하나의 주식회사로 본다면 코스피지수는 ㈜대한민국의 주가인 것이다.

point

코스피지수 = ㈜대한민국의 주가

1980년 1월 4일의 코스피지수 = 100

㈜대한민국의 주가 등락률, 즉 코스피지수의 등락률은 주식시장에 상장된 모든 주식의 등락률을 평균한 것과 마찬가지다. 그래서 '코스피지수의 수익률'을 '시장의 평균 수익률'이라고 말하며 주식 투자의 성과를 평가할 때 기준 역할을 하기 때문에 '벤치마크^{bench mark} 수익률' 또는 줄여서 'BM 수익률'이라고도 부른다.

point

코스피지수의 수익률은
주식 투자의 성과를 평가하는 벤치마크 수익률이다

주식에 투자한 뒤 코스피지수의 수익률보다 높은 수익률을 얻는다면 투자 성과가 좋다고 평가할 수 있고 그보다 낮은 수익률을 얻는다면 성과가 좋지 않다고 평가할 수 있다. A주식에 투자해서 10%의 수익률을 얻었다고 가정해보자. 그런데 같은 기간 동안 코스피지수가 1000에서 1150으로 올랐다면 시장의 평균 수익률은 15%다. A주식에 투자해서 얻은 수익률이 시장의 평균 수익률보다도 적기 때문에 투자 성과가 좋지 않다고 평가할 수 있다. 마이너스 수익률을 얻었더라도 마찬가지다. 같은 기간 동안 코스피지수가 1000에서 900으로 떨어져 시장의 평균 수익률은 마이너스 10%인데, B주식에 투자해서 5%의 손실이 생겼다면 어떨까. 비록 손실이 생겼더라도 시장의 평균 수익률보다 손실이 적기 때문에 투자 성과가 나쁘지 않다고 평가할 수 있다.

주가지수는 코스피지수 외에도 여러 가지가 있다. 코스피시장을 대표하는 200개 우량 기업을 선정하여 코스피지수와는 별도의 지수가 작성되고 있는데 이를 '코스피200지수'라고 한다. 그 외에도 코스피100지수, 코스피50지수 등이 있으며 반도체산업지수, 자동차산업지수 등 업종별로 작성되는 지수도 있다.

'코스닥지수'는 1996년 7월 1일의 코스닥시장의 시가총액을 기준으로 잡아 작성되고 있는데 기준 시점의 주가지수를 100이 아닌 1000으로 잡는 점이 코스피지수와 다르다. 그 외에도 코스닥50지수, 코스타지수 등이 있다.

투자자의 낙관은
주가를 춤추게 한다

주식은 그것의 소유자에게 기업의 이익 중 일부를 배당 받을 권리가 있다는 사실을 증명하는 증서다. 오늘의 주가는 기업의 향후 이익에 의해 결정된다. 하지만 기업이 미래에 거둬들일 과실이 얼마나 될지 정확히 예측해 주식의 가격을 매기는 건 불가능하다. 어림잡아 가격을 매겨야 하기 때문에 같은 주식이라도 사람마다 가격을 다르게 매긴다. 특히 주식을 사려는 사람과 팔려는 사람은 서로 다른 가격을 부르기 일쑤다. 그중에서 서로 같은 가격을 부르는 사람들이 만나면 비로소 거래가 일어난다.

주가 역시 물가처럼 수요와 공급에 따라 변동한다. 즉, 주식시장에서 주식을 사려는 사람(매수 주문)이 팔려는 사람(매도 주문)보다 많으면 주가가 오르고 반대의 경우에는 주가가 떨어진다.

주식을 사려는 사람이 더 많으면	주식을 팔려는 사람이 더 많으면
▼	▼
주가가 오른다.	주가가 떨어진다.

주식을 사려는 사람이 더 많다는 것은 기업의 향후 이익에 대해 낙관적인 전망을 하는 사람이 그만큼 많다는 것이며, 반대로 주식을 팔려는 사람이 더 많다면 기업의 향후 이익에 대해 비관적인 전망을 하는 사람이 더 많다는 것을 의미한다. 그러니까 기업의 이익 전망에 따라 주식의 수요와 공급이 변동하고 그에 따라 주가도 변동하는 것이다.

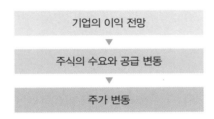

또한 주가는 전체 주식시장의 전망에 의해서도 큰 영향을 받는다. 경기가 호황일 때는 기업이 장사가 잘되니까 많은 사람이 주식시장의 전망을 낙관적으로 본다. 그래서 경기가 과열되면 주식시장도 과열돼 묻지마 투자를 하는 사람이 많아진다. 직장인은 점심시간에 짬을 내서 주식을 매수하고 주부는 아이들을 학교에 보낸 뒤 주식을 매수한다. 지팡이를 쥔 할아버지도 마실 삼아 증권사에 들러 주식을 매수한다.

그 결과 속된 말로 잡주라고 불리는 인기 없는 주식도 값이 오른다.

하지만 경기가 불황일 때는 대기업도 돈을 벌기가 쉽지 않기 때문에 많은 사람이 주식시장의 전망을 비관적으로 본다. 그래서 경기가 침체되면 주식시장도 침체된다. 주식을 사려는 사람의 수가 감소하고 팔려는 사람의 수만 증가한다. 그 결과 잡주는 물론 삼성전자의 주가조차 떨어지고 여기저기서 돈을 잃은 사람들의 곡소리가 들린다.

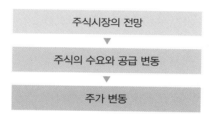

전반적인 경기가 좋더라도 특정 업종의 경기가 나쁘면 그 업종에 속한 기업의 주가는 제자리걸음을 하거나 떨어진다. 그래서 그런 기업의 주식에 투자한 사람은 "다른 주식은 다 오르는데 내 주식만 오르지 않는다"며 한숨을 쉰다. 반대로 전반적인 경기가 나빠도 특정 업종의 경기가 좋으면 그 업종에 속한 주식은 가격이 오르는 경우도 많다.

그 외에 북한이 미사일을 쏘거나, 우리나라 기업이 수출을 많이 하는 국가에서, 또는 원자재를 많이 수입하는 국가에서 테러나 재해가 발생해도 주식시장이 출렁거린다. 우리나라에서 전쟁이 터지거나 기업의 실적이 악화될 것을 우려해서 주식을 팔려는 사람이 증가하기 때문이다.

이상의 내용을 간단히 정리하면 기업의 이익 전망과 주식시장의 전망에 따라 주식의 수요와 공급이 변동하고 그로 인해 주가가 변동한다고 할 수 있다.

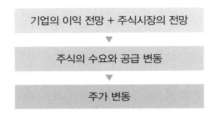

여기서 기업의 이익과 주식시장을 판가름하는 '전망'이라는 것은 '불확실성'에 기반한 것이기 때문에 전망이 좋고 나쁘고는 사람들의 '심리'에 의해 좌우된다. 언제나 낙관론과 비관론은 공존한다. 주식시장에서 낙관론이 우세하면 주가가 오르고 비관론이 우세하면 주가가 떨어진다. 그러니까 결국 주가는 주식시장에 참여하는 투자자의 심리 상태에 따라 변동한다고 말해도 과언이 아니다. 그래서 한때 워런 버핏보다 더 유명했던 주식 투자의 천재 고故 앙드레 코스톨라니 Andre Kostolany 는 "주식 투자는 심리 게임이다"라는 말을 남기고 세상을 떠났다.

주식 투자의
두 가지 위험

주식에 투자할 때는 크게 두 가지 위험에 노출된다. 하나는 '개별 종목의 위험'이고 또 다른 하나는 주식시장 자체가 지닌 위험을 뜻하는 '시장의 위험'이다. 전문용어로 개별 종목의 위험을 '비체계적 위험', 시장의 위험을 '체계적 위험'이라고 한다. (주식뿐만 아니라 채권, 부동산 등 모든 투자 자산은 개별 종목의 위험과 시장의 위험을 동시에 갖고 있다.)

point

주식의 위험 = 개별 종목의 위험 + 시장의 위험

비체계적 위험 또는 개별 종목의 위험(이하 개별위험)이란 경영진의 변동, 경영의 실패, 근로자의 파업, 인수합병, 소비자의 이탈, 법적 소송의 발생 등 기업의 내부에서 발생한 사건이나 상황의 변화 때문에 주가가 변동하는 위험을 말한다. 삼성전자, 현대차 등 시가총액의 비중이 크고 각 업종 내에서 우월적 지위를 가진 대기업을 제외하면 개별위험이 다른 종목이나 주식시장 전체에 미치는 영향은 크지 않다.

예를 들어 A기업이 부도를 냈다면 그것은 A기업만의 문제이지 B기업의 문제가 아니라는 뜻이다. 따라서 A기업의 주가는 폭락하지만 그것이 B기업의 주가에는 영향을 미치지 않는다. 또한 A기업의 주가가 주식시장 전체에 미치는 영향도 미미하기 때문에 A기업의 부도로 인해 주식시장이 출렁거리지도 않는다. 주식의 개별위험을 줄이려면 돈을 전부 A기업 한 주식에만 투자하지 말고 B기업 등 여러 종목에 분산투자해야 한다.

1000만 원으로 주식에 투자한다고 가정해보자. 1000만 원을 A기업 한 주식에만 몰아서 투자했는데 A기업이 망해버리면 1000만 원을 전부 잃게 된다. 속된 말로 몰빵투자를 하다가 돈을 전부 날려버리는 것이다. 하지만 A기업과 B기업, 두 종목에 각각 500만 원씩 분산투자를 하면 A기업이 망하더라도 B기업의 주식에 투자한 500만 원은 건질 수 있다. 돈을 전부 A기업에만 투자할 때의 위험을 100으로 볼 경우 이처럼 두 종목에 분산투자를 하면 위험이 50으로 감소한다. C기업, D기업, E기업 등 분산투자를 하는 종목이 많아질수록 위험은 점점 더 감소한다. 10개의 종목에 분산투자를 할 때보다 20개의 종목에 분산투자를 할 때 위험이 더 적다는 뜻이다. 즉, 주식의 개별위험은 여러 종목에 분산투자를 함으로써 줄일 수 있다. 계란을 한 바구니에 담지 말라는 말도 그래서 생긴 것이다.

개별위험은 여러 종목에 분산투자를 함으로써 줄일 수 있다.

하지만 여러 종목에 분산투자를 한다고 해서 무조건 개별위험이 감소하는 건 아니다. 종목 간의 상관관계가 높으면 아무리 많은 종목에 분산투자를 하더라도 개별위험은 거의 감소하지 않는다.

예를 들어 A기업은 닭고기 프랜차이즈 사업을 하고 B기업은 양계 사업을 한다고 가정해보자. 두 기업 간의 상관관계가 매우 높기 때문에 A기업의 매출이 증가하면 B기업의 매출도 덩달아 증가한다. 두 기업의 주가도 함께 오른다. 반면 B기업에서 키우던 닭이 전부 폐사해버리면 A기업은 닭을 공급받지 못해 장사를 할 수 없다. 이런 경우는 두 기업의 주가가 함께 떨어진다. A기업과 B기업은 별개의 기업이지만 업종의 상관관계가 매우 높기 때문에 두 기업의 주가는 같은 방향으로 함께 움직이려는 경향이 강하다. 따라서 두 주식에 분산투자를 해도 위험은 거의 감소하지 않는다. A기업이 망하면 B기업도 망하고 B기업이 망하면 A기업도 망한다.

하지만 A기업의 주식과 자동차 회사인 C기업의 주식에 분산투자를 하면 상황이 달라진다. 닭고기 사업과 자동차 사업은 상관관계가 극히 낮아 제로zero에 가깝다. 따라서 두 기업의 주가는 독립적으로 움직이며 A기업이 망해도 C기업의 주가에 영향을 미치지 않고 C기업이 망해도 역시 A기업의 주가에 영향을 미치지 않는다. 따라서 A기업과 C기업에 분산투자를 하면 둘 중 한 종목에만 투자할 때에 비해 위험이 크게 감소한다.

　이처럼 위험을 줄이려면 서로 상관관계가 낮은 여러 종목을 골라서 분산투자를 해야 한다. 그리고 서로 상관관계가 낮은 D기업, E기업, F기업 등 분산투자를 하는 종목이 많아질수록 위험은 점점 더 감소한다. 만약 코스피시장에 상장된 모든 종목에 시가총액 비중대로 분산투자를 하면 모든 주식이 지닌 개별위험이 분산되어 그 총합은 제로가 된다. 왜냐하면 모든 종목의 개별위험이 서로 상쇄되기 때문이다.

point

주식의 개별위험을 줄이려면

서로 상관관계가 낮은 종목에 분산투자를 해야한다.

　하지만 분산투자를 하는 종목의 수가 많아질수록 기대수익률은 낮아진다. 예를 들어 당신이 닭고기 사업을 하는 A기업과 자동차 사업을 하는 C기업의 주식에 분산투자를 한다면 A주식 또는 C주식 한 종목에만 투자할 때에 비해 위험은 분명히 감소한다. 그런데 투자 기간 동안 A기업의 주가가 2배 오르고 C기업의 주가는 1배 올랐다면 아마 당신은 '이럴 줄 알았으면 가진 돈을 전부 A주식에 몰아서 투자할걸' 하며 후회할 수도 있다. 두 종목에 분산투자를 하면 위험이 분산될 뿐만 아니라 수익률 역시 분산된다. 그래서 두 종목에 분산투자를 할 때의 수익률은 A주식에만 투자할 때의 수익률에 미치지 못한다. 이처럼 분산투자를 하면 위험이 감소되는 만큼 기대수익률도 낮아진다. 그리고 분산투자를 하는 종목의 수가 많아질수록 기대수익률은 점점 더 낮아진다.

분산투자는 고수익을 얻기 위한 투자 행위가 아니라 위험을 줄임으로써 돈을 잃게 될 확률을 낮추고 적정수익률(이를테면 은행의 예금금리보다 높은)을 얻기 위해 하는 것이다.

체계적 위험 또는 시장의 위험(이하 시장위험)이란 개별 종목의 사정과 상관없이 주식시장 전체에 영향을 미치는 요인들, 이를테면 금리, 물가, 환율 등 경제지표가 악화되거나 테러, 전쟁, 천재지변 등이 발생해 주가가 변동하는 위험을 말한다. 시장위험은 모든 종목의 주가에 예외 없이 영향을 미치기 때문에 어떤 종목도 시장위험으로부터 자유로울 수 없다. 예를 들어 2007년 미국에서 서브프라임모기지 부실 사태가 발생한 뒤 미국의 주식시장이 폭락했을 때 국내에서도 사람들이 주식을 투매했다. 그 결과 모든 기업의 주가가 폭락했고 코스피지수는 1년 만에 반 토막이 나버렸다.

제아무리 섬세한 기술과 통찰력을 발휘해 우월한 종목을 골라냈더라도 주식시장이 주저앉으면 주가는 버텨낼 재간이 없다. 에베레스트 산을 밥 먹듯이 오르내리는 우월한 전문 산악인일지라도 등반 도중 산이 무너지면 추락을 피할 방법이 없는 것과 같다. 여러 종목에 분산투자를 하더라도 결과는 마찬가지다. 아무리 많은 종목에 분산투자를 하더라도 주식시장이 무너지는데 추락하지 않고 공중 부양할 방법은 없다. 등산 중에 산이 무너지면 나도 추락하고 당신도 추락하며 전문 산악인도 추락한다. 어느 누구든 피하기 힘든 위험, 그것이 바로 시장위험이다.

만약 코스피시장에 상장된 모든 종목에 시가총액 비중대로 분산투자를 하면 개별위험은 전부 분산되어 제로가 된다. 하지만 시장위험은 사라지지 않는다. 주식의 시장위험을 줄이려면 가진 돈을 전부 주식에만 투자하지 말고 예금, 채권, 부동산 등 주식과의 상관관계가 낮은 다른 종류의 자산에 분산투자를 해야 한다.

point

주식의 시장위험을 줄이려면
주식과의 상관관계가 낮은 자산에 분산투자를 해야 한다.

이처럼 주식의 시장위험을 줄이기 위해 예금, 채권, 부동산 등 주식과의 상관관계가 낮은 자산에 분산투자를 하는 행위를 '자산배분'이라고 한다. 자산배분은 돈을 투자할 때 가장 기본이 되는 원칙이라고 해도 과언이 아닐 만큼 돈을 잃지 않고 적정한 수익률을 얻는 데 매우 중요하다.

주식의 시장위험을 발생시키는 요인들

경기가 좋을 때는 기업의 매출이 계속 성장하기 때문에 금리가 올라 이자 비용이 증가해도 기업의 이익에 큰 영향을 미치지 않는다. 하지만 경기가 과열되거나 침체된 상태에서 금리가 오르면 기업의 이익이 감소한다. 매출의 성장은 어려운데 은행에 지불해야 하는 대출금 이자는 증가하기 때문이다. 그래서 금리가 오르면 기업의 이익이 악화될 것을 우려하는 사람이 증가한다. 기업의 이익이 감소하면 주식에 투자한 사람들은 배당을 적게 받거나 아예 한 푼도 받지 못할 수도 있다. 그뿐 아니라 금리가 오르면 은행의 예금 이자가 증가하기 때문에 주식에 투자한 돈을 은행의 예금으로 옮기는 사람도 증가한다. 그 결과 주식의 수요가 감소해 주가가 떨어진다. 반대로 금리가 떨어지면 기업의 이익이 증가할 것으로 예상하는 사람이 증가하고 은행에 예금한 돈을 주식에 투자하는 사람도 많아진다. 그 결과 주식의 수요가 증가해 주가가 오른다.

이처럼 금리와 주가는 서로 반대 방향으로 움직이는 경향이 있기 때문에 금리 변동이 주가 변동에 큰 영향을 미친다.

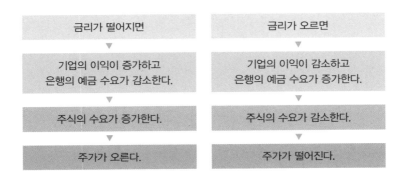

그리고 시중의 통화량도 주가 변동에 큰 영향을 미친다. 시중에 유통되는 통화량이 증가하면 금리가 떨어지고 주가는 오른다. 왜냐하면 '통화량의 증가'는 금리 측면에서 보면 '돈의 공급'이 증가한 것이지만 주가 측면에서 보면 '주식의 수요'가 증가한 것이기 때문이다. 통화량이 증가하면 '물건의 수요'가 증가해 물가가 오르는 것과 같은 원리다. 반대로 시중에 유통되는 통화량이 감소하면 금리는 오르고 주식의 수요가 감소하기 때문에 주가가 떨어진다.

통화량이 증가하면		통화량이 감소하면
▼		▼
주식의 수요가 증가한다.		주식의 수요가 감소한다.
▼		▼
주가가 오른다.		주가가 떨어진다.

이상의 내용을 정리하면 금리 하락과 통화량 증가는 주가 상승 요인으로 작용하고 금리 상승과 통화량 감소는 주가 하락 요인으로 작용한다.

그런데 경제에 위기가 닥치면 금리나 통화량에 관계없이 사람들이 주식을 팔아 치우기 때문에 주가가 급락한다. 이때는 금리나 통화량의 변동이 주가 하락의 요인이라고 보기 어렵다. 경제위기, 그 자체에 대한 불안감 때문에 사람들이 주식을 투매할 뿐이다. 이 경우 주가 하락이 금융시장의 불안감을 증폭시키기 때문에 신용경색에 따른 금리 상승과 통화량 감소를 가속시키는 요인으로 작용한다.

경제위기 발생 후 주요 일간지의 경제 헤드라인

구분	2007년 글로벌 금융위기	1997년 외환위기	1990년 증시파동
주가	• 코스피 대폭락 1000선 붕괴 • '깡통' 주의보… 신용융자 투자자 주가 폭락 직격탄 • '주가 비관' 동반자살 시도 • 주가 반 토막…집값 하락… '디플레' 먹구름 • 주가 59P 폭락 · 환율 27원 폭등… '금융 패닉'	• 주가 폭락 400선도 붕괴 • 주가 10년 만에 최저 • 투자자 집단 항의… 거래 중단 요구 • 주가 폭락에 깡통계좌 급증, 개인투자자 투매 가세 • 주가 폭락 비관 50대 2명 자살	• 주가 폭락 600선도 붕괴 • 주가 폭락에 절망 확산, 투매 현상까지 • 주가 폭락 비관 자살 기도 • 주가 폭락 항의 곳곳 격렬 시위 • 증권사 지점 영업 중단 투자자 주가 폭락 항의

03

경제지표 읽는 눈을 길러라

경기순환의
4계절

　현재의 국가경제 상태는 지난 시간 동안 생산, 소비, 투자, 무역, 고용, 금융 등 우리나라에서 일어난 모든 경제활동이 응집된 결과물이다. 경제는 특정한 상태에 머물지 않고 끊임없이 움직이며 변동한다. 경제 상태가 좋을 때가 있고 나쁠 때도 있으며, 뜨거울 때가 있고 차가울 때도 있다. 이와 같은 경제의 움직임을 '경기'라고 한다. 그리고 경기의 호황과 불황이 번갈아가며 반복되는 현상을 '경기순환'이라고 한다.

　경기는 경제의 활동 수준에 따라 '확장기'와 '수축기' 등 크게 2가지 국면으로 구분한다. 그리고 확장기는 다시 '회복기'와 '호황기'로 구분하며 수축기는 다시 '후퇴기'와 '불황기'로 구분한다. 그리고 경기는 한 가지 특정한 국면에 머물지 않고 4계절이 순환하듯 끊임없이 위치를 바꾸며 순환한다.

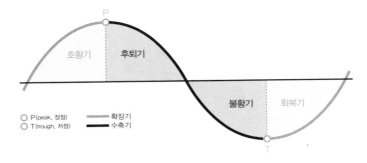

먼저 호황기는 경제가 활발하게 움직이는 시기로서 기업은 장사가 잘되어 곳간이 가득 차고, 사람들은 소득이 증가해 지갑이 두둑해져 소비를 많이 하는 시기다. 계절에 비유하면 호황기는 뜨거운 여름과도 같다. 후퇴기는 호황기가 저물면서 경제의 움직임이 움츠러드는 시기로서 기업의 매출이 감소하고 사람들은 지갑 사정이 예전 같지 않아 소비를 줄이는 시기다. 후퇴기는 서늘한 가을에 비유할 수 있다. 그 다음 불황기는 경제가 꽁꽁 얼어붙어 침체된 시기로서 기업의 매출이 크게 감소하고 망하는 기업이 증가하며 사람들은 소득이 감소해 지갑을 닫고 열지 않는 시기다. 불황기는 찬바람이 부는 겨울에 비유할 수 있다. 마지막으로 회복기는 경제의 움직임이 다시 활발해지는 시기로 기업의 매출이 증가하기 시작하고 사람들은 다시 지갑을 열고 소비를 늘리는 시기다. 회복기는 포근한 봄에 비유할 수 있다. 이처럼 경기는 각국면마다 다른 특성을 갖고 있기 때문에 금리를 비롯한 경제지표의 움직임 역시 다른 양상을 보인다.

경기순환은 순환 주기에 따라 단기순환, 중기순환, 장기순환 등으로 구분하는데 각 순환 주기를 처음 발견한 경제학자의 이름을 따서 키친 순환Kitchin Cycle, 주글라 순환Juglar Cycle, 콘트라티에프 순환Kontratiev Cycle 등으로 불린다.

경기순환의 종류

1. 키친 순환(단기순환, 재고순환) : 기업의 상품 재고량 변동 등이 주된 원인이 되어 경기가 변동하는 현상으로서, 순환 주기는 약 3~4년으로 본다.

2. 주글라 순환(중기순환, 설비투자순환) : 기업의 설비 투자 변동 등이 주된 원인이 되어 경기가 변동하는 현상으로서, 약 8~10년의 순환 주기를 보인다.

3. 콘트라티에프 순환(장기순환, 기술혁신순환) : 기술 혁신 등이 주된 원인이 되어 경기가 변동하는 현상으로, 순환 주기는 약 50~60년으로 본다.

4. 그 외에도 건설 투자의 변동 등이 주된 원인이 되어 약 20년을 주기로 경기가 변동한다고 보는 쿠즈네츠 순환Kuznets cycles이 있다.

우리나라의 경기가 현재 어떤 국면에 있는지 정확히 알기는 어렵지만 통계청에서 매달 발표하는 경기종합지수를 보고 대강 추정해볼 수 있으며 가까운 미래의 경기 동향도 짐작해볼 수 있다. 경기종합지수는 여러 분야의 경제활동을 종합해서 작성되는데 선행지수, 동행지수, 후행지수 등 3가지 종류가 있다. 선행지수는 현재로부터 3~6개월 정도 후의 경기 동향을 예측하는 데 활용되고 동행지수는 현재의 경기 동향을 파악하는 데 활용된다. 그리고 후행지수는 경기 변동을 사후에 확인하는 데 활용된다.

우리나라의 경기는 1970년 이후 9번 순환했으며 지금(2014년)은 10번째 주기를 거치는 중이다. 그동안 경기순환의 평균 주기는 약 49개월이었는데 그중 확장기(회복기+호황기)가 평균 31개월, 수축기(후퇴기+불황기)가 평균 18개월이었다.

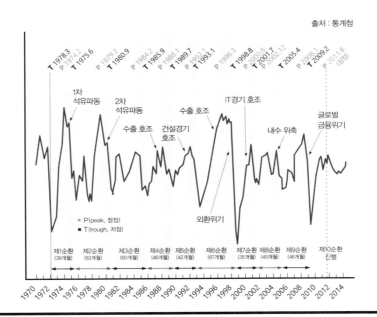

대한민국 경기 동행지수 순환 국면 1970~2014

출처 : 통계청

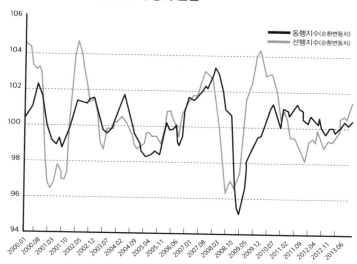

대한민국의 경기 순환 2000~2013 통계청 자료 분석

- **동행지수(순환변동치)** : 현재의 경기 동향을 나타내는 경제지표로서 현
  재 경기가 어떤 국면에 있는지 보여준다. 100을 기준으로 100 이상이
  면 호황, 100 미만이면 불황으로 분류된다. 지수의 수치보다는 현재의
  경기가 상승 추세인지 하강 추세인지, 경기 흐름의 방향을 파악하는 데
  더 큰 의미가 있다.

- **선행지수(순환변동치)** : 현재로부터 3~6개월 후 경기가 상승할 것인지,
  하강할 것인지를 나타내는 경제지표로서 지수의 수치보다는 가까운 미
  래에 경기가 어떤 방향으로 향할 것인지 파악하는 데 더 큰 의미가 있다.

호황기 때의
경제지표 변화

경기가 호황기일 때 사람들은 소득이 증가해 주머니가 넉넉하니까 소비지출을 늘린다. 기업은 장사가 잘되기 때문에 상품의 생산량을 늘리고 설비와 고용을 확대하기 위해 투자지출을 늘린다. 은행에서 돈을 빌려 쓰는 기업과 사람도 증가한다. 기업의 투자지출과 개인의 소비지출이 증가하기 때문에 시중에는 통화량이 넘쳐나고 물가가 오른다. 기업은 은행 잔고가 넉넉하기 때문에 물가가 오른 만큼 근로자의 임금을 올려준다. 그래서 사람들은 물가가 올라도 소비지출을 줄이지 않는다.

통화량이 증가하면 금리가 떨어져야 하지만 경기가 호황일 때는 돈을 빌리려는 수요가 많기 때문에 금리가 떨어지지 않고 오히려 조금씩 오른다. 하지만 금리의 오름폭이 크지 않기 때문에 경기의 방향을 바꾸는 데 영향을 미치지는 못한다. 금리가 조금씩 오르면 이미 발행된 채권의 가격은 조금씩 떨어진다. 금리가 계속 오르기 때문에 새로 발행되는 채권도 얼마 안 지나서 가격이 떨어진다.

통화량이 증가하고 물가가 오르면 원화의 가치가 떨어지고 환율이 오른다. 환율이 오르면 기업의 수출이 증가한다. 국내시장에서는 물론 해외시장에서도 장사가 잘되니까 기업의 이익 전망을 낙관적으로 보는 투자자(기관, 외국인, 개인 등)가 증가한다. 그래서 시중에 넘쳐나는 돈이 주식시장으로 흘러간다. 채권을 팔아 주식을 사거나 은행의 예금을 주식으로 옮기는 사람도 증가한다. 이러한 현상이 과열되면 빚을 내서 주식에 투자하는 사람도 많아지고, 주가는 멈출 줄 모르고 계속 오르기만 한다.

이쯤 되면 한국은행은 주머니 속의 옐로카드를 만지작거리기 시작한다. 그러다가 경기가 과열 양상을 보이면 한국은행은 옐로카드를 꺼내 머리 위로 높이 치켜든다. 즉, 기준금리를 인상한다. 지금까지는 물가, 금리, 채권 가격, 환율, 주가 등 주요 경제지표가 시장의 수요와 공급에 따라 변동해왔지만 이대로 방치하면 인플레이션이 심화되고 시장이 공급과잉 상태가 되어 경제가 악화될 수 있다. 그래서 한국은행이 금융시장에서 돈의 수요와 공급을 인위적으로 조절함으로써 경기를 진정시키려고 하는 것이다.

한국은행이 기준금리를 인상하면 뒤이어 은행을 비롯한 모든 금융회사가 줄줄이 금리를 인상한다. 그러면 은행에서 돈을 빌리려는 수요가 감소하기 시작한다. 이미 돈을 빌려 쓴 기업은 이자 비용이 증가해 이익이 감소하기 때문에 투자지출을 줄이기 시작한다. 빚이 있는 사람도 이자를 내고 나면 쓸 돈이 부족해지기 때문에 소비지출을 줄이게 된다. 이로써 시중에 유통되는 통화량이 감소하고 물가의 오름세가 약해진다. 금융시장에서는 금리가 올라 이미 발행된 채권의 가격은 떨어지고 새로 발행되는 채권은 발행금리가 높아지므로 채권을 사려는 수요가 증가하기 시작한다.

통화량이 감소하고 물가의 오름세가 약해지면 원화의 가치가 오르고 환율은 떨어진다. 기업의 수출은 감소하기 시작하고 기업의 이익 전망에 대한 기대치를 낮추는 투자자가 증가한다. 주식을 사려는 수요가 감소하고 주식을 팔아 가격이 떨어진 채권을 사거나 금리가 높아진 은행 예금으로 옮기는 사람이 증가한다. 그래서 주가는 떨어진다. 이런 일련의 과정을 거치며 경기가 진정되고 인플레이션이 완화된다.

만약 기준금리를 인상한 뒤에도 물가가 안 잡히면 한국은행은 기준금리를 추가로 인상하거나 공개시장조작 카드를 꺼낸다. 공개시장조작을 하기 위해 한국은행은 보유한 채권을 금융시장에 내다 팔거나 통안채를 발행한다. 투자자(기관, 외국인, 개인 등)가 한국은행이 시장에 내놓은 채권을 사들이면 금융시장의 돈이 한국은행으로 흘러들어온다. 따라서 시중에 유통되는 통화량이 감소하고 금리가 올라 물가를 압박한다.

그래도 물가가 안 잡히면 한국은행은 시중은행의 지급준비율을 인상한다. 은행은 대출을 줄이고 인상된 지급준비율만큼 시중은행의 돈이 한국은행으로 흘러들어 온다. 그러면 통화량이 감소하고 금리가 올라 물가를 더욱 압박한다.

이렇게 해도 물가가 잡히지 않으면 이번에는 정부가 나서서 보유한 달러를 외환시장에 내다 팔아 환율을 끌어내린다. 환율이 떨어지면 수출이 감소하는 부작용이 생길 수 있지만 수입 물가가 떨어져 물가 안정에 효과가 있기 때문이다. 하지만 그것조차 물가를 잡는 데 여의치 않으면 정부는 물건의 가격을 인상하지 못하도록 기업의 목을 조른다.

불황기 때의
경제지표 변화

경기가 불황일 때 사람들은 먹고살기가 힘드니까 소비지출을 줄인다. 기업은 장사가 안 되서 상품의 생산량을 줄이고 투자지출을 줄인다. 구조조정을 통해 근로자를 해고하거나 임금을 삭감하고 신규 채용을 줄이기도 한다. 실직자가 증가하고 개인의 소득이 감소한다. 은행에서 돈을 빌려 쓰는 개인과 기업도 감소한다.

이처럼 기업의 투자지출과 개인의 소비지출이 감소하기 때문에 시중에 유통되는 통화량이 감소하고 물가(상승률)가 떨어진다.

통화량이 감소하면 금리가 올라야 하지만 경기가 불황일 때는 돈을 빌리려는 수요가 적기 때문에 금리가 오르지 않고 오히려 조금씩 떨어진다.

하지만 금리의 내림폭이 크지 않기 때문에 경기를 반전시키는 데 영향을 미치지는 못한다. 금리가 조금씩 떨어지면 이미 발행된 채권의 가격은 조금씩 오른다. 금리가 계속 떨어지기 때문에 새로 발행되는 채권도 얼마 안 지나서 가격이 오른다.

통화량이 감소하고 물가가 떨어지면 원화의 가치가 오르고 환율이 떨어진다. 낮은 환율은 기업의 수출에 타격을 입히고 내수는 물론 수출도 어렵기 때문에 기업의 이익 전망을 비관적으로 보는 사람이 증가한다. 그러면 주식을 팔아 채권을 사거나 은행의 예금으로 옮기는 사람이 증가한다. 주식시장에서 돈이 계속 빠져나가고 주가는 계속 떨어진다.

이제 한국은행은 다시 신경을 곤두세우기 시작한다. 이대로 방치하면 경기가 불황을 지나 디플레이션이 생길 수 있기 때문이다. 한국은행은 다시 금융시장에서 돈의 수요와 공급을 인위적으로 조절함으로써 경기를 부양하기 위해 기준금리를 인하한다.

한국은행이 기준금리를 인하하면 금융회사도 줄줄이 금리를 인하한다. 그러면 은행에서 돈을 빌리려는 수요가 증가하기 시작하고 빌린 돈으로 소비를 늘리는 사람도 증가하게 된다. 소비가 늘면 기업의 매출이 올라가고 상품의 생산량을 늘리기 위해 돈을 빌려서라도 설비투자와 고용을 늘리는 기업이 많아진다. 실직자는 다시 일자리를 구하고 개인 소득이 증가해 소비지출이 늘어난다. 기업의 투자지출과 개인의 소비지출이 증가하기 때문에 시중에 유통되는 통화량이 증가하고 물가가 오른다.

통화량이 증가하고 물가가 오르면 원화 가치가 떨어지고 환율이 오른다. 환율이 오르면 기업의 수출이 증가하고 기업의 이익 전망을 낙관적으로 보는 사람들이 증가한다. 주식시장에는 다시 돈이 모이고 채권을 팔아 주식을 사거나 은행의 예금을 주식으로 옮기는 사람이 늘어난다. 금리가 낮기 때문에 빚을 내서 주식에 투자하는 사람도 증가하기 시작한다.

이때가 되면 주가는 바닥을 치고 상승세를 보인다. 이런 일련의 과정을 거쳐 경기가 호전되고 물가가 오른다.

만약 기준금리를 인하한 뒤에도 경기가 부양되지 않으면 한국은행은 기준금리를 추가로 인하하거나 공개시장조작 카드를 다시 꺼낸다. 공개시장조작을 하기 위해 한국은행은 금융시장에서 채권을 사들이기 시작한다. 한국은행의 돈이 금융시장으로 흘러 나가면 통화량이 증가하고 금리가 떨어져 경기 부양을 부추긴다.

여전히 경기가 활력을 보이지 않으면 한국은행은 시중은행의 지급준비율을 인하한다. 인하된 지급준비율만큼 한국은행에서 시중은행으로 돈이 흘러 나가기 때문에 시중은행은 대출을 늘린다. 개인과 기업의 대출이 늘어나므로 시중에 유통되는 통화량이 증가하고 금리가 떨어져 경기 부양을 부채질한다.

그럼에도 경기 부양에 실패하면 이번에는 정부가 나서서 외환시장에서 달러를 사들여 환율을 끌어올린다. 환율이 오르면 수입 물가가 비싸져 국내 물가가 오르는 부작용이 생길 수 있지만 수출이 증가해 경기 부양에 효과가 있기 때문이다.

190

하지만 그것조차 경기를 부양하는 데 여의치 않으면 정부는 4대강 사업을 벌이거나 땅파기 사업 등 대대적인 토목공사를 벌인다.

투자를 할 때
눈여겨봐야 할 경제지표

여러 가지 경제지표 중 국가경제와 우리의 경제생활에 가장 큰 영향을 미치는 것은 무엇일까? 그것은 '물가'다. 그래서 사람들이 물가가 안정되면 살 만하다고 하지만 물가가 많이 오르면 먹고살기 힘들다고 말하는 것이다. 경제학자들이 1980년대에 대한민국이 건국 이래 최대의 호황을 누렸다고 평가하는 이유는 경제가 고성장을 하면서도 물가가 안정되었기 때문이다.

국가경제를 들었다 놨다 하는 한국은행의 설립 목적도 물가 안정이다. 물가가 너무 비싸면 국가경제에 해가 되고 너무 싸도 해가 되기 때문에 한국은행은 적절한 수준에서 물가를 관리하기 위해 노력한다.

그렇다면 우리가 투자를 할 때 가장 눈여겨봐야 할 경제지표는 무엇일까? 그것 또한 물가일까? 사실 이 질문은 닭이 먼저인지 알이 먼저

인지를 묻는 것과 비슷한 질문이다. 즉, 정답이 없다는 것이다. 왜냐하면 각 경제지표는 따로 국밥처럼 독립적으로 움직이는 게 아니라 뒤엉켜서 서로가 서로에게 영향을 주고받기 때문이다.

그럼에도 불구하고 투자 측면에서 우리가 평소에 가장 눈여겨봐야할 경제지표를 꼽자면 그것은 바로 '금리'다. 금리는 다른 모든 경제지표의 움직임을 좌우한다고 해도 과언이 아닐 만큼 경제에 강력한 힘을 발휘하기 때문이다. 한국은행이 국가경제에 막대한 영향력을 행사할수 있는 이유도 기준금리의 결정권을 갖고 있어서다.

금리란 돈의 가격이다. 당신이 물건, 채권, 달러, 주식 등 어떤 것을 가리키든 "얼마예요?"라고 물으면 나는 "~원 입니다"라고 말한다. 물가를 가리켜 "감자 10개입니다"라거나 주가를 보고 "쌀 한 바가지입니다"라고 말하는 사람은 아무도 없다. 이처럼 상품을 비롯한 모든 자산은 돈으로 값을 매기기 때문에 돈의 가격인 금리가 변동하면 물가, 채권 가격, 환율, 주가 등 다른 경제지표도 변동할 수밖에 없다. 그래서 금리는 우리가 투자하는 과정에서 가장 많은 관심을 갖고 관찰해야 하는 경제지표다.

금리는 금융시장에서 돈의 수요와 공급에 따라 변동한다. 수요 측면에서 보면 돈을 빌리려는 수요가 증가하면 금리가 오르고 반대의 경우에는 금리가 떨어진다. 공급 측면에서 보면 통화량이 증가하면 금리가 떨어지고 반대의 경우에는 금리가 오른다. 그리고 경기의 변동에 따라 돈을 빌리려는 수요와 통화량이 변동한다. 따라서 결국 금리를 좌우하는 것 역시 경기의 변동이다.

그렇기 때문에 현재의 경기가 호황기, 후퇴기, 불황기, 회복기 중 어떤 국면에 있는지 알고 언제 다른 국면으로 전환될지 그 시점을 알 수 있다면, 우리는 향후 금리가 어떤 방향으로 움직일지 정확히 전망할 수 있다. 금리에 따라 변동하는 물가, 채권 가격, 환율, 주가 등 다른 경제지표의 움직임 역시 정확히 전망할 수 있다. 그러면 우리는 위험을 전혀 감수하지 않고서도 높은 투자수익률을 얻을 수 있을 것이다.

하지만 우리의 바람과는 달리 현재의 경기가 어떤 국면에 있는지 정확히 알기는 어렵다. 게다가 경기의 전환 시점을 정확히 알아내는 것은 불가능하며 설령 그것이 가능하더라도 금리를 비롯한 주요 경제지표의 움직임을 정확히 예측하는 일은 불가능하다. 왜냐하면 경제지표는 이론대로 움직이지 않는 경우가 많기 때문이다. 그렇기 때문에 내가 지금껏 이야기한 물가, 금리, 채권 가격, 환율, 주가 등에 대한 경제이론은 실제의 경제 현상과 차이가 있을 수밖에 없다.

그럼에도 불구하고 내가 여태껏 경제이론에 대해 여러 가지를 이야기한 까닭은 경제위기가 닥치면 수요와 공급의 법칙에 뿌리를 둔 현대의 경제이론이 실제의 경제 현상과 비교적 잘 맞아떨어지며, 따라서 경제이론을 먼저 이해하지 않고서는 경제위기에 가려진 부자의 기회를 이해할 수도 없고 발견할 수도 없기 때문이다.

4장

부자의 기회가 현실이 되는 투자 방법

01

투자
지침서를
작성하라

소신에 따라 투자하라

우리가 지금까지 살펴본 바에 따르면 경제에 위기가 닥치면 주가가 폭락하고 금리와 환율이 폭등하리라는 것을 예상할 수 있다. 그리고 주가가 저점에 달했을 때 주식을 매수하고 금리가 고점에 달했을 때 채권을 매수하면 최고의 수익률을 기대할 수 있다. 물론 달러는 환율이 폭등하기 전에 미리 매수해야 한다.

과거의 경우를 보면 경제위기가 발생한 후 주가가 저점에 달하고 금리와 환율이 고점에 달하는 데 걸린 시간은 1~2년 정도였다. 향후 또다시 경제에 위기가 닥치면 주식과 채권을 매수할 적정한 시기는 경제위기가 발생한 직후부터 1~2년 사이라고 짐작해볼 수 있다. 반면에 달러를 매수할 적정 시기는 경제위기가 발생한 직후이며 늦어도 6개월 이내에 매수해야 높은 수익률을 기대할 수 있다.

경제위기로 인해 경기가 주저앉은 뒤 바닥에 근접할 때쯤 되면 신문과 뉴스에서는 패닉, 공황, 공포 등 비관의 극치를 보여주는 헤드라인 기사가 연일 쏟아져 나올 것이다. 그처럼 비관적인 헤드라인 기사는 주식과 채권을 매수할 시기가 임박했음을 알려주는 중요한 지표가 된다.

하지만 경제위기 때마다 주가, 금리, 환율이 규칙성을 갖고 움직인다 하더라도 우리가 그것의 저점과 고점을 정확히 잡아내는 것은 불가능하다. 만약 누군가 저점과 고점의 타이밍을 족집게처럼 정확히 맞추었다고 주장한다면 그것은 순전히 운이 좋았을 뿐이다. 그에게 통찰력이 있거나 투자의 재능이 있어서가 아니라 그냥 운이 좋은 것이다. 대개의 경우 사람들이 투자에 실패하는 가장 큰 이유는 자기 과신 때문이거나 팔랑귀 때문이다. 도박장에서 처음 돈을 따본 사람은 운 때문이 아니라 실력이 좋아서 돈을 딴 줄 알고 계속 덤비다가 결국 빈손이 된다고 한다. 운과 실력을 구분할 줄 모르는 사람이 맞이하게 될 최후가 바로 그런 것이다.

투자를 할 때는 남의 말을 쉽게 믿고 따라서는 안 된다. 그가 경제학 박사이든, 경제전문가이든, 가족이든 상관없이 자신의 판단 외에 다른 사람의 말을 함부로 믿어서는 안 된다. 누구든 말은 쉽게 할 수 있으나 실전에서 자기 돈을 투자할 때는 관련 지식이 많다고 해서 결과가 좋으리라는 보장이 없다. 오히려 많이 아는 사람이 자기 과신 때문에 깡통을 차는 경우가 흔하다. 그리고 그런 사람의 말을 믿고 따라서 투자한 사람도 함께 깡통을 차게 된다. 투자를 하는 과정에서 중요한 선택의 기로에 섰을 때 스스로의 판단에 확신을 갖기 힘들다면 차라리 은행에 돈을 꼭꼭 숨겨두는 게 가장 현명한 투자 전략이다.

감정에 휘둘리지 않는
투자 원칙

주가의 저점을 잡아내거나 금리의 고점을 잡아내기 위해서는 감정이나 직관에 의해 판단해서는 안 된다. 왜냐하면 감정이나 직관은 판단에 혼돈을 일으키고 결과적으로 실수를 불러올 가능성이 매우 높기 때문이다. 그보다는 자신만의 투자 원칙을 정하고 그 원칙대로 판단하고 행동하는 게 바람직하다. 그리고 그 결정이 최선이라고 생각해야 한다.

그렇지 않고 감정이나 직관에 의해 판단하고 행동하면 일을 그르치기 십상이다. 예를 들어 주가가 저점에 달했더라도 감정이 앞서면 주가가 더 떨어질 것 같아서 주식을 매수하지 못한다. 반대로 주가가 고점에 달했더라도 감정이 앞서면 주가가 더 오를 것 같아서 주식을 매도하지 못한다. 그렇기 때문에 스스로 투자의 원칙을 정하고 그에 따라 판단하고 행동하라는 것이다. 이를 위해 투자를 하기 전에 먼저 자신만의 투자 지침서를 만들어두는 게 순서다.

투자 지침서란 일종의 행동강령인데, 예를 들면 다음과 같은 것들이
있다.

- 주가가 이전의 고점에 비해 30% 이상 떨어지면 주식을 매수한다.
- 주가가 이전의 고점에 달하면 주식을 즉시 매도한다.
- 수익률이 30%에 달하면 주식을 즉시 매도한다.
- 주가가 이전의 고점에 달하지 않더라도 주식을 매수한 날로부터 24개월이
  경과하면 주식을 즉시 매도한다.

이와 같은 행동강령을 정해두고 그에 따라 판단하고 행동하면 감정
개입을 최소한으로 줄일 수 있으며 다른 사람의 말에 휘둘리지도 않게
된다. 그러면 투자를 하고 나서 적어도 자기 자신을 비하하거나 남을
탓할 일은 생기지 않는다. 투자에 실패한 뒤 자기 자신을 바보 취급하
거나 남의 탓을 하는 것만큼 후회스러운 감정은 없다.

투자 지침서는 적어도 5가지 이상의 영역을 구분해서 만들어야 한
다. 우선 채권과 주식의 자산배분 비율, 채권과 주식의 매수 및 매도
시기, 마지막으로 수많은 채권과 주식에서 어떤 종목을 매수할 것인지
에 대한 기준이 있어야 한다.

투자 지침서에 포함되어야 하는 내용

① 채권과 주식의 자산배분 비율

② 채권의 매수 및 매도 시기

③ 채권의 종목 선택

④ 주식의 매수 및 매도 시기

⑤ 주식의 종목 선택

채권 투자의
원칙
세우기

매매차익과 확정금리 사이의 갈림길

    채권과 주식의 자산배분 비율은 일단 50 : 50을 기준으로 잡고 자신의 위험 성향과 재무 계획(목돈을 써야 하는 시기 등)을 고려해서 배분 비율을 위아래로 조정하면 된다. 그리고 주식에 투자할 돈은 적어도 2년 이상, 길게는 5년 이상 시장에 묻어둘 수 있는 금액 내에서 결정해야 한다.

point 채권과 주식의 자산배분 비율은 50:50을 기준으로 잡고 위아래로 조정한다. 주식에 투자할 돈은 적어도 2년 이상 묻어둘 수 있어야 한다.

    채권의 매수 시기는 시장금리를 보고 판단해야 한다. 평상시에는 금리의 변동폭이 미미하지만 경제에 위기가 닥치면 변동폭이 커진다. 따라서 위기 발생 후 금리가 얼마나 더 오르면 채권을 매수할 것인지 기준을 정해둘 필요가 있다.

예를 들어 금리가 경제위기 발생 이전보다 30% 이상 오르면 채권을 매수한다는 식의 기준을 정하라는 뜻이다. 여기서 30%는 기존의 금리 대비 오른 금리의 비율을 말하는 것이다. 경제위기 발생 이전의 금리가 연 3%였다면 그것의 30%는 연 0.9%포인트다. 경제위기 발생 후 금리가 연 3.9%를 넘어서면 채권을 매수한다는 뜻이다. 또는 금리가 위기 발생 전보다 2%포인트 이상 오르면 채권을 매수한다는 식으로 정해도 괜찮다. 경제위기 발생 이전의 금리가 연 3%였다면 2%포인트 이상 올라 연 5%를 넘어서면 채권을 매수하는 식이다.

다만 최근과 같이 저성장, 저금리 시대에는 매수할 금리의 기준을 너무 높게 잡으면 경제에 위기가 여러 번 닥치더라도 평생 동안 채권을 매수할 기회가 없을 수도 있다는 점을 고려해야 한다. 향후 경제에 위기가 닥치더라도 과거처럼 금리가 연 10%를 넘어설 만큼 고금리가 될 가능성은 매우 낮기 때문이다. 이런 점을 고려해 금리의 기준을 잡아야 한다.

금리가 투자지침서에서 정한 매수 기준에 도달했더라도 향후 금리가 더 오를 수 있으므로 채권의 매수 자금을 일시에 사용하지 말고 여러 번 나누어서 분할 매수하는 게 바람직하다.

example 채권의 매수 시기 판단의 예
- 금리가 경제위기 발생 이전보다 30% 이상 오르면 매수한다.

- 금리가 경제위기 발생 이전보다 2%포인트 이상 오르면 매수한다.
- 향후 금리가 더 오를 수 있으므로 채권의 매수 자금을 일시에 사용하지 말고 보름 간격으로 3〜6회에 걸쳐 분할 매수한다.

채권 매수 및 매도 시기 판단의 예 2007~2011 글로벌 금융위기

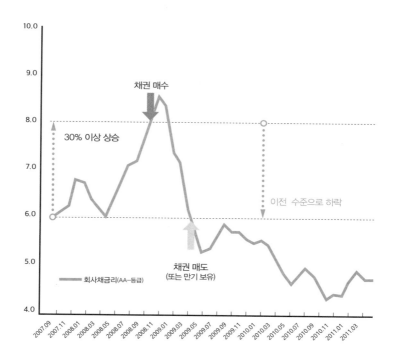

금리는 인터넷포털의 금융섹션, 경제신문 등을 보고 국채금리, 회사채금리, 양도성예금증서 금리 등을 중심으로 모니터링을 하면 된다. 그리고 금리의 장기적인 추세는 한국은행의 경제통계시스템이나 통계청의 국가통계포털에서 쉽게 확인할 수 있다.

평상시에는 굳이 경제지표를 열심히 들여다볼 필요가 없지만 경제위기가 닥치면 관심을 갖고 매일 모니터링을 할 필요가 있다. 경제위기 채권 매수 및 매도 시기 판단의 예 2007~2011 글로벌 금융위기 상황에서는 금리의 변동폭이 크고 어느 날 갑자기 추세가 바뀌어버릴지 모르기 때문이다. 따라서 모니터링을 게을리하면 채권의 적정 매수 시기를 잡아내기 어렵다.

채권의 매도 시기 역시 금리를 보고 판단해야 하지만 채권을 매수한 뒤에는 가급적 만기일까지 보유하는 게 바람직하다. 채권을 매수한 뒤 금리가 많이 떨어지면 팔아서 매매차익을 실현할 수 있다. 하지만 채권 판 돈을 전부 소비하거나 집에 모셔둘 게 아니라면 그 돈으로 다시 채권을 매수하거나 은행에 예금해야 한다. 그때는 시장금리가 이미 많이 떨어진 상태일 테니 채권이나 예금에서 이자가 얼마 생기지 않을 것임을 염두에 두면 만기일까지 채권을 보유해서 매수 당시에 확정된 수익률을 끝까지 유지하는 게 더 이익일 수 있다. 그렇기 때문에 채권의 만기일 이전에 돈을 꼭 써야 하는 경우가 아니라면 고금리 시기에 매수한 채권은 만기일까지 보유하는 게 바람직하다.

A등급 이상의
채권에 투자하라

경제위기 때는 A등급 미만의 회사채는 아예 쳐다보지도 않는 게 이롭다. 채권이 부도날 위험이 높기 때문이다. 최근 경기 불황이 장기화되면서 국내에서 처음으로 A등급 회사채가 부도나서 투자자가 피해를 본 일도 있었고 부도 직전의 위기에 처한 악덕 대기업이 그 사실을 숨긴 채 회사채나 기업어음을 발행해 투자자가 피해를 본 일도 있었다. 한편에서는 국내 신용평가사가 회사채를 발행하는 기업의 신용등급을 너무 후하게 준다는 비판을 받고 있다.(신용평가사는 기업으로부터 신용평가 수수료를 받는다.)

그래서 경제위기 때는 회사채의 신용등급을 공시된 것보다 한 단계 아래로 보고 종목을 선택하는 게 안전하다. 예를 들어 AA등급의 회사채는 A등급으로, A등급의 회사채는 BBB등급으로 한 단계씩 낮게 보고 종목을 선택하라는 뜻이다. AA등급 이상의 회사채는 공채 수준의 안전성을 갖고 있다고 봐도 된다. 하지만 AA등급 이상의 회사채마저 불안하여 투자하기가 꺼려진다면 정부, 지방자치단체, 공공기관 등이 발행한 국공채에만 투자하면 된다. 국공채는 회사채에 비해 수익률은 낮지만 국가가 부도나지 않는 한 부도의 위험이 (거의) 없다.

채권에 투자하는 방법은 '장외거래'와 '장내거래'로 크게 2가지가 있으며, 우리나라의 채권시장에서는 채권 매매가 대부분 장외거래를 통해 이루어진다. 장외거래란 증권사가 판매하는 채권을 매수하는 방식으로 일반 개인이 투자하기에 가장 무난한 채권 투자 방법이다.

증권사의 장외거래 채권 정보 공시

출처 : 하나대투증권 홈페이지

종목명 ⌄ (신용등급)	위험 등급	만기일 ⌃	매수시		만기시		매수가능 수량(천)
		투자기간	단가	수익률 ⌃	세후 수익률 (연평균)	세전 수익률 (은행환산)	매수가능 금액
◎ 국민주택1종채권10-03	초저위험	2015.03.31	11,492	1.990 %	1.560 %	1.840 %	197,040
		158일					226,438,368
◎ 경북지역개발채권10-07	초저위험	2015.07.31	11,137	2.060 %	1.690 %	2.000 %	21,580
		280일					24,033,646
◎ 국민주택1종채권10-10	초저위험	2015.10.31	11,355	2.040 %	1.590 %	1.880 %	54,515
		1년7일					61,901,782
◎ 국민주택2종채권06-11	초저위험	2016.11.30	9,780	1.060 %	1.070 %	1.260 %	1,024,665
		2년37일					1,002,122,370
◎ 에스에이치공사보상13-11 (AAA)	초저위험	2016.11.30	10,314	2.210 %	1.840 %	2.170 %	521,650
		2년37일					538,029,810
◎ 전남지역개발채권12-02	초저위험	2017.02.28	10,762	2.150 %	1.790 %	2.120 %	116,105
		2년127일					124,952,201

출처 : 한국투자증권 홈페이지

종목명	만기일자	잔존기간	잔존수량 (천원)	매수 수익률	매수 단가(원)	개인	
						세전	세후
전북개발공사보상 14-02 신용등급 : AA+ 채권투자분석	2019.02.28	4년 152일	359,324	2.73	10,422	2.77	2.34
인천지역개발채권10-09 신용등급 : 채권투자분석	2015.09.30	1년 0일	169,222	2.17	11,073	2.12	1.79
경남지역개발채권11-01 신용등급 : 채권투자분석	2016.01.31	1년 123일	1,022,366	2.19	10,990	2.15	1.82
국민주택1종채권11-12 신용등급 : 채권투자분석	2016.12.31	2년 93일	833,807	2.22	11,032	2.12	1.79

    증권사는 채권시장에서 수십억 원에서 수백억 원 물량의 채권을 사들인 뒤 그중 일부를 소액의 물량으로 쪼개서 고객에게 판매한다. 장외거래로 채권을 매수하려면 증권사의 영업점에 방문해서 계좌를 개설한 뒤 채권 담당 직원과 상담을 하거나 증권사의 홈페이지에서 신용등급, 표면금리 등 채권의 발행 정보와 매수 단가, 유통수익률, 세전·세후 수익률 등 매매 정보를 확인한 뒤 매수하면 된다.

    장외채권의 공시 내용(증권사마다 공시하는 방식에 조금씩 차이가 있다)에서 만기일은 채권 발행기관이 원금과 이자를 상환하기로 약속한 날을 말하며, 잔존 기간 또는 투자 기간은 채권 매수일로부터 만기일까지 남은 기간을 말한다. 잔존 수량 또는 매수 가능 수량은 증권사가 보유한 채권의 물량을 말하며, 매수 단가는 채권의 액면가 1만 원당 매매 가격을 말한다. 매수 수익률은 채권의 매매 단가를 결정하는 유통수익률을 말하며, 세전 수익률과 세후 수익률은 각각 이자소득세를 차감하기 전과 후의 수익률로서 채권을 매수한 뒤 만기일까지 보유할 경우 얻게 될 총 수익률을 연 수익률로 환산한 것이다. 세전 수익률(또는 세후 수익률)을 은행의 세전 이자율(또는 세후 이자율)과 비교함으로써 채권과 예금 중 어떤 게 수익률 측면에서 더 유리한지를 따져볼 수 있다.

그 외에 채권의 발행금리와 신용등급 등의 발행 정보는 각 종목을 클릭하면 확인할 수 있다.

장외거래로 채권을 매수한 경우 국공채는 대부분 만기일 이전에도 증권사에 되팔 수 있지만 회사채는 만기일 전에 중도 매도가 제한되거나 아예 불가능한 조건으로 판매되는 경우가 종종 있다. 따라서 채권을 매수하기 전에 증권사의 중도 매도 조건을 반드시 확인한 뒤 매수 여부를 결정해야 한다. 채권을 매수한 뒤에는 가급적 만기일까지 보유하는 게 바람직하지만 증권사에 중도 매도가 불가능한 회사채를 매수한 뒤 혹시라도 급하게 돈이 필요해서 만기일 이전에 팔아야 하는 일이 생기면 난처해질 수 있기 때문이다. 다만 그런 경우라도 한국거래소에 상장된 회사채는 곧이어 설명할 장내거래를 통해 만기일 이전에 매도가 가능하다.

채권을 매수할 때는 만기일이 적어도 2~3년 이상 남아 있는 장기 채권을 매수하는 게 바람직하다. 지금 우리는 경제에 위기가 닥친 뒤 금리가 폭등한다는 가정하에 채권을 매수하는 것에 대해 이야기하고 있다. 고금리 채권을 매수할 때는 가급적 만기가 긴 것을 선택해서 보유하는 게 수익률 측면에서 유리하다.

장외거래 외에 또 다른 채권 거래 방법은 장내거래를 하는 것이다. 장내거래란 불특정 다수의 투자자가 한국거래소의 채권시장에 매수 및 매도 주문을 내고 채권을 거래하는 것을 말한다. 코스피시장에서 주식을 거래하는 것과 같은 개념이다. 장내거래를 하려면 증권사의 영업점에 방문해서 계좌를 개설한 뒤 담당 직원을 통해 매매 주문을 내거나 증권사에서 제공하는 인터넷뱅킹 서비스와 증권 거래 소프트웨어 등을 이용해 매매할 수 있다.

채권을 매매해본 경험이 없는 사람이 채권에 투자하는 방법을 학습하는 가장 빠른 길은 가급적 시간적인 여유를 충분히 갖고 가까운 증권사에 방문해서 채권 담당 직원을 붙잡고 채권 공시 정보를 읽는 방법과 매매 방법 등에 대해 배우는 것이다. 그리고 나서 몇 만 원 정도의 소액으로(장외거래든 장내거래든 액면가 1만 원도 매매가 가능하다) 채권을 직접 매매해보면 보다 빠르게 채권 투자 방법을 익힐 수 있다.

장외거래와 장내거래를 통해 채권에 투자하는 방법 외에도 채권형 펀드에 투자하는 방법이 있다. 채권형 펀드에 투자하면 증권투자전문가인 펀드매니저가 여러 종류의 채권을 사고팔며 자금을 운용한다. 개인 투자자로서는 채권 종목을 선택하거나 매수 및 매도 시기를 판단하는 등의 수고를 하지 않아도 되는 장점이 있다.

하지만 채권형 펀드 내에는 만기일과 수익률이 상이한 채권이 적어도 수십 종목 이상 포함되어 있으며 펀드매니저가 수시로 채권을 사고팔기 때문에 고금리 시기에 만기가 긴 채권을 매수한 뒤 장기간 보유하는 투자 전략을 실행할 수 없다. 우리나라의 펀드시장이 주식형 펀드 중심으로 발달해왔기 때문에 눈에 띄게 운용 성과가 우수한 채권형 펀드를 찾아보기 어렵다는 문제도 있다. 채권에 직접 투자하는 경우 이자에 대해서는 이자소득세가 과세되지만 매매차익에 대해서는 세금을 내지 않는다. 반면에 채권형 펀드에 투자하는 경우에는 매매차익도 전부 이자로 간주해 이자소득세가 과세되는 단점이 있다.

그 외에 은행의 정기예금도 채권의 한 종류로 볼 수 있다. 고금리 시기에는 은행의 예금금리도 높기 때문에 정기예금은 안전하면서도 매력적인 투자 대상이 된다. 다만 은행의 정기예금은 매매차익을 기대할 수 없는 점, 만기일 이전에 해지할 경우 약속된 이자보다 터무니없이 적은 이자만 지급받는 점 등이 채권과 다르다.

채권과 세금

은행에 예금을 하면 이자에 대해 소득세를 내야 하듯이 채권이자에 대해서도 소득세를 내야 한다. 현재(2014년) 일반적인 경우 이자에 대한 소득세율은 15.4%(이자소득세 14% + 지방소득세 1.4%)인데 채권에서 이자를 지급받는 날 증권사가 소득세를 원천징수한 뒤 세무서에 납부한다.

이표채는 이자가 지급될 때마다 증권사가 소득세를 원천징수하고 복리채나 할인채 등은 만기일에 이자가 한꺼번에 지급되므로 만기 때 한 번

원천징수한다. 만기일 이전에 채권을 매도하면 매도하는 날 기간 이자에 대해 소득세가 원천징수된다. 반면에 채권의 매매차익에 대해서는 소득세를 내지 않아도 된다(채권형 펀드는 매매차익도 과세).

- 채권의 이자소득 → 소득세 15.4%
- 채권의 매매차익 → 소득세 없음

채권의 이자소득세와 관련해 '금융소득종합과세'라는 제도가 있다. 금융소득종합과세란 예금이나 채권 등에서 지급받는 '이자소득'과 주식이나, 펀드 등에서 지급받는 '배당소득'을 합한 금액이 연간 2000만 원(2014년 현재)을 초과하면 그 초과분에 대해서는 근로소득이나 사업소득과 합해 15.4%보다 높은 세율로 소득세를 납부하는 제도를 말한다.

- 이자소득 + 배당소득 〉 2000만 원 → 금융소득종합과세

표면금리가 5%이고 만기가 1년 남은 채권에 5억 원을 투자한다고 가정해보자. 그러면 연간 이자소득은 2500만 원이다. 여기서 2000만 원까지는 15.4%의 세금만 납부하면 되지만 2000만 원의 초과분인 500만 원은 근로소득이나 사업소득과 합해 소득세를 별도로 계산한다는 뜻이다.

고액의 연봉을 받는 사람이 고액의 자금을 만기가 긴 복리채나 할인채에 투자하면 만기일에 일시에 이자가 지급되기 때문에 금융소득종합과세 대상이 되어 세금 폭탄을 맞을 수 있으므로 유의할 필요가 있다. 금융소득종합과세 대상이 되지 않기 위해서는 이자 지급 시기를 분산해야 하는데, 이를테면 정기적으로 이자를 분할해서 지급하는 이표채를 매수해서 연간 이자가 2000만 원을 초과하지 않도록 관리하면 금융소득종합과세를 피할 수 있다.

주식 투자의
원칙
세우기

주식 투자의 위험을 줄이는 방법

　주식의 매수 시기는 개별 종목의 주가가 아닌 코스피지수의 하락 추세를 보고 판단해야 한다. 경제위기가 닥치면 모든 주식이 외줄을 타는 광대처럼 시장과 운명을 함께한다. 시장이 회복되지 않으면 주가도 오르지 않는다. 따라서 개별 종목의 주가보다는 시장의 추세를 보고 매수 타이밍을 잡아야 한다.

　투자 지침으로는 코스피지수가 위기 발생 전보다 얼마나 더 떨어지면 주식을 매수할 것인지 등이 기준이 될 수 있다. 예를 들어 코스피지수가 위기 발생 전보다 30% 이상 떨어지면 주식을 매수한다는 식의 기준을 정했다고 가정해보자. 위기 발생 전 코스피지수가 2000이었다면 30%인 600포인트가 빠진 1400 아래로 떨어지면 주식을 매수하는 것이다.

　주식을 매수할 때는 코스피지수가 투자 지침서에서 정한 매수 기준에 도달했더라도 향후 주가가 더 떨어질 수 있으므로 모든 자금을 일시에 투자하지 말고 여러 번 나누어서(분할) 매수하는 게 바람직하다.

주식의 매수 시기 판단의 예

– 코스피지수가 위기 발생 전보다 30% 이상 떨어지면 매수한다.

– 코스피지수가 이전의 고점 대비 40% 이상 떨어지면 매수한다.

**– 주가가 더 떨어질 수 있으므로 매수 자금을 일시에 사용하지 말고 한 달 간
격으로 6~12회에 걸쳐 분할 매수한다.**

주식의 매도 시기는 코스피지수의 상승 추세를 보고 판단할 수 있
고, 목표 수익률을 정하여 판단할 수도 있다. 예를 들어 주식을 매수
한 뒤 코스피지수가 위기 발생 전의 지수를 회복하면 주식을 매도하거
나 투자 원금의 수익률이 50%를 넘어서면 매도하는 식으로 기준을 정
하라는 뜻이다. 그리고 코스피지수가 투자 지침에서 정한 매도 기준에
도달했더라도 향후 주가가 더 오를 수 있으므로 주식을 일시에 전부 매
도하지 말고 여러 번에 걸쳐 분할 매도하는 게 바람직하다.

주식의 매도 시기 판단의 예

– 코스피지수가 이전의 고점을 회복하면 매도한다.

– 투자 원금의 수익률이 50%를 넘어서면 매도한다.

– 매수 종료 후 24개월이 경과하면 수익률에 상관없이 매도한다.

**– 주식을 매도한 뒤에도 주가가 계속 오를 수 있으므로 일시에 전부 매도하지
말고 보름 또는 한 달 정도의 간격을 두고 6~12회에 걸쳐 분할 매도한다.**

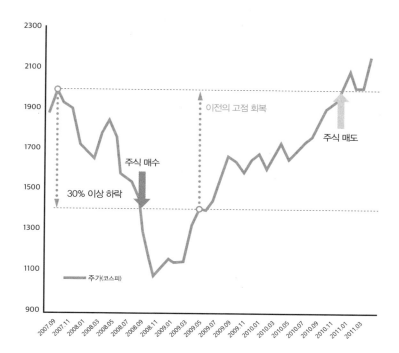

주식 매수 및 매도 시기 판단의 예 2007~2011 글로벌 금융위기

이전의 고점 회복

주식 매도

주식 매수

30% 이상 하락

주가(코스피)

주식형 펀드에
투자하라

　경기가 평화로울 때도 마찬가지지만 특히 경제위기 때는 개별 종목의 주식에 직접 투자하지 말고 운용 성과와 위험 관리가 우수한 주식형 펀드를 골라서 투자하는 게 바람직하다. 이때 대기업에 비해 안정성이 떨어지는 중소형기업 주식 위주로 투자하는 펀드(중소형주 펀드)보다는 대기업 주식 위주로 투자하는 펀드(대형주 펀드)를 선택하는 게 바람직하다. 또한 펀드의 자산 규모가 1000억 원 이상인 대형 펀드를 선택하는 게 이롭다. 경제위기 때는 펀드에서 돈을 인출하려는 사람이 몰려들기 마련인데 자산 규모가 작은 펀드는 인출 금액의 비중이 크기 때문에 펀드매니저가 펀드의 성과와 위험을 전략적으로 관리하기가 매우 어렵다. 규모가 작은 펀드는 심지어 방치되다시피 한다.

- 운용 성과와 위험 관리가 우수등급인 펀드

- 대기업 주식 위주로 투자하는 대형주 펀드

- 자산 규모가 1000억 원 이상인 대형 펀드

펀드닥터의 펀드 정보 공시

출처 : 펀드닥터

No	펀드명	소유형 설정일	순자산액 [?] 운용규모 [?]	3년 성과		3년 안정성		제로인등급
				수익률 ↓	등급 ↓	표준편차 [?]	등급 [?]	
1	한국밸류10년투자어린이 1(주식)(A)	일반주식 2011.05.19	183 353	17.41	1등	10.38	1등	●●●●●
2	한국밸류10년투자 1(주식)(C)	일반주식 2006.04.18	14,569 15,331	16.34	1등	8.94	1등	●●●●●
3	한국밸류10년투자퇴직연금 1 (주식)(A)	일반주식 2011.01.03	361 557	14.31	1등	10.07	1등	●●●●●
4	한국밸류10년투자장기주택마련 1(주식)(C)	일반주식 2008.05.16	280 415	13.13	1등	10.96	1등	●●●●●
5	트러스톤제갈공명[주식]A	일반주식 2011.05.02	1,939 4,196	9.29	1등	12.60	2등	●●●●●
6	KB밸류포커스자(주식)클래스A	일반주식 2009.11.09	3,308 17,261	9.16	1등	10.02	1등	●●●●●
7	에셋플러스코리아리치투게더자 1(주식)Class C	일반주식 2008.07.07	1,984 6,574	8.92	1등	12.63	2등	●●●●●
8	신영마라톤자F 1[주식]종류 A	일반주식 2005.12.01	110 122	8.83	1등	11.47	1등	●●●●●
9	KB연금가치주전환자(주식) C	일반주식 2010.07.09	1,131 1,134	8.82	1등	10.03	1등	●●●●●
10	신영마라톤 (주식)A	일반주식 2002.04.25	5,161 8,603	8.57	1등	11.74	1등	●●●●●
11	한국밸류10년투자연금전환 1 (주식) C	일반주식 2007.03.19	7,017 7,034	7.56	1등	9.66	1등	●●●●●
12	신영주니어경제박사[주식](종 류C 1)	일반주식 2005.04.27	6 178	7.04	1등	12.44	2등	●●●●●
13	한국투자거꾸로 1(주식)(A)	일반주식 2003.12.18	151 152	6.95	1등	13.25	3등	●●●●●
14	라자드코리아 (주식)클래스A	일반주식 2008.10.01	65 111	6.89	1등	12.73	2등	●●●●●

펀드전문가가 아닌 이상 수천 종류의 펀드 중에서 위와 같은 조건을 두루 갖춘 펀드를 골라내기란 여간 어려운 일이 아니다. 그래서 펀드의 성과와 위험 등을 평가하고 순위와 등급을 매기는 펀드평가사가 제공하는 정보를 활용하는 게 펀드를 선택하는 가장 무난한 방법이다.

현재 우리나라의 대표적인 펀드평가사는 ㈜KG제로인이며 이 회사의 홈페이지 '펀드닥터www.funddoctor.co.kr'에 방문하면 성과 및 위험에 따라 점수를 매긴 펀드의 등급 순위를 비롯해 다양한 정보를 무료로 확인할 수 있다.

앞서 이야기했듯 주식 투자를 할 때는 개별종목의 위험과 주식시장의 위험에 노출된다. 주식형 펀드에 투자하면 펀드매니저가 수십 개 이상의 종목에 분산투자를 하기 때문에 개별위험이 크게 줄어든다. 하지만 주식을 골라내고 사고파는 타이밍을 판단하는 운용 능력이 펀드매니저마다 차이가 날 수밖에 없다. 그래서 대부분의 주식형 펀드가 유형(대형주 펀드, 중소형주 펀드 등)에 따라 투자하는 종목 구성은 비슷한데도 불구하고 운용 성과는 큰 차이를 보인다. 즉, 주식형 펀드에 투자하면 개별위험은 줄어들지만 펀드매니저의 운용 능력 차이에 따른 위험이 존재한다.

이 두 가지 위험을 모두 크게 줄일 수 있는 주식형 펀드가 있다. '인덱스펀드'가 바로 그것이다. 인덱스펀드란 200개 우량 기업의 주가를 하나로 묶어서 만든 '코스피200지수'의 움직임을 좇아가도록 설계된 주식형 펀드를 말한다. 인덱스펀드에 투자하면 코스피시장을 대표하는

200개 우량 기업에 분산투자를 하는 것과 같은 효과가 있기 때문에 개별위험이 상당 부분 상쇄된다. 또한 인덱스펀드는 코스피200지수의 움직임을 그대로 좇아가도록 설계되어 있어 펀드매니저의 운용 능력에 따른 성과 차이도 크게 생기지 않는다. (전혀 없다는 건 아니다.) 따라서 인덱스펀드에 투자하면 코스피200지수의 수익률, 즉 시장의 평균 수익률을 얻을 수 있다. 국내에서 운용되고 있는 수천 개의 주식형 펀드 중에서 시장의 평균 수익률을 꾸준히 상회하는 성과를 내고 있는 펀드는 극히 소수에 불과하다. 인덱스펀드는 평균적으로 다른 주식형 펀드에 비해 위험이 낮고 성과는 우수한 경향을 보인다.

주식시장에는 코스피200지수 외에도 다양한 지수가 존재하며 그에 따라 각 지수의 움직임을 추종하는 인덱스펀드도 여러 종류가 있다. 레버리지인덱스펀드나 리버스인덱스펀드처럼 증권 투자 전문가가 아닌 사람들이 보면 수익 구조를 이해하기조차 어려운, 무늬만 인덱스펀드인 것들도 존재한다. 하지만 인덱스펀드에 투자하려거든 코스피200지수를 추종하는 인덱스펀드 외에는 관심을 갖지 않아도 괜찮다. 인덱스펀드의 가장 큰 장점은 개별위험을 최대한 분산하면서 코스피시장의 평균 수익률을 얻을 수 있다는 점인데, 코스피200지수 외에 다른 지수를 추종하는 인덱스펀드는 시장의 평균 수익률보다 높은 수익률을 얻으려는 일종의 변종 인덱스펀드다. 이들은 코스피200지수를 추종하는 인덱스펀드에 비해 위험이 높고 펀드매니저의 운용 능력에 따라 성과 차이도 크게 벌어질 수 있다. 따라서 기본에 충실한 코스피200지수를 추종하는 인덱스펀드에 투자하는 게 바람직하다.

인덱스펀드에 투자하려면 은행이나 증권사에 방문해서 펀드 계좌를 개설한 뒤 돈을 입금하면 된다. 또한 인터넷뱅킹으로도 쉽게 거래가 가능하다. 좀 더 적극적으로 인덱스펀드에 투자하려면 상장지수 펀드ETF; exchange traded fund를 매수하는 방법도 있다. ETF란 주식처럼 매매가 가능한 인덱스펀드를 말한다. 우리가 펀드에 투자한다는 것은 펀드 계좌에 돈을 입금한다는 뜻이다. 펀드매니저는 우리가 입금한 돈으로 주식을 매매한다. 반면 ETF는 펀드 계좌에 돈을 입금하는 방식이 아니라 펀드 자체를 주식처럼 사고파는 방식으로 매매한다. ETF도 추종하는 지수의 종류에 따라 여러 가지가 있지만 코스피200지수를 추종하는 ETF 외에는 관심을 갖지 않아도 괜찮다. ETF를 매매하려면 증권사에 방문해 계좌를 개설한 뒤 증권사의 인터넷뱅킹이나 증권 거래 소프트웨어를 이용해 매매 주문을 내고 거래하면 된다. 주식을 거래하는 방식과 동일하다.

펀드에 투자한 뒤 돈을 인출할 때는 환매수수료 부과 기간에 유의해야 한다. 대부분의 주식형 펀드는 돈을 입금한 날로부터 일정 기간 이내에 돈을 인출하면 그 사이에 생긴 수익 중 일부를 환수하는 규정이 있다. 예를 들면 입금 후 90일 이내에 인출하면 그 사이에 생긴 수익의 70%를 환매수수료로 가져가는 식이다. 이는 일종의 벌칙금인데 펀드에 돈을 오랫동안 묻어두는 경우에는 신경 쓸 게 없지만 조기에 인출하는 경우에는 환매수수료 폭탄을 맞을 수 있으니 유의해야 한다. 다만 ETF는 주식처럼 매매하는 것이기 때문에 환매 기간의 제한이나 환매수수료 등이 존재하지 않는다.

주식과 주식형 펀드에서 생기는 수익 중 배당금에 대해서는 채권의 이자와 마찬가지로 15.4%의 소득세가 과세된다. 하지만 국내기업의 주식에 투자하는 경우 주식에 직접 투자하든 주식형 펀드에 투자하든 주식의 매매차익에 대해서는 현재 소득세가 과세되지 않는다. 단, 해외펀드는 배당금뿐만 아니라 주식의 매매차익에 대해서도 소득세를 내야 한다.

환율 상승에 따른 달러 투자에 대하여

경제위기 때의 채권 투자와 주식 투자에 대해서만 설명하고 환율 상승에 따른 달러 투자에 대해 설명하지 않은 이유는 독자에게 달러 투자를 권하기가 매우 조심스럽기 때문이다.

경제에 위기가 닥쳐 금리가 폭등하면 채권 가격이 폭락하기 때문에 그것을 눈으로 확인한 뒤 채권 매수에 나설 수 있다. 그리고 주식 역시 주가가 폭락한 것을 눈으로 확인한 뒤 매수에 나설 수 있다. 물론 매수한 뒤에도 채권과 주식의 가격이 더 떨어질 수 있지만 부도가 나지 않는 한 채권은 만기 때까지 보유하면 원리금을 상환받을 수 있기 때문에 원금 손실이 생기지 않는다. 또한 우량 기업의 주가는 폭락한 뒤 시간이 오래 걸리더라도 참고 기다리다 보면 이전의 주가를 회복하게 될 가능성이 매우 높다.

경제에 위기가 닥쳤지만 예상과는 달리 주가가 폭락하지 않고 금리도 폭등하지 않는다면 그것은 우리가 전제로 삼고 있는 부자의 기회의 규칙성을 벗어나 불확실성이 매우 커진 상황이다. 그때는 채권과 주식을 매수하지 않음으로써 위험을 회피할 수 있다.

반면 환율의 경우 달러의 가격이 폭락한 것을 눈으로 확인한 뒤 매수에 나서는 게 아니라 환율이 폭등하기 전에 위기를 알아채고 미리 매수를 해야 하는 문제가 있다. 그렇지 않고 환율이 폭등한 뒤에 달러 매수에 나서면 그 다음부터는 내리막길만 있기 때문에 환차손이 생길 위험이 매우 커진다. 또한 환율이 폭등하기 전이라고 판단해 미리 달러를 매수하더라도 예상과는 달리 환율이 오히려 떨어지면 역시 환차손이 생길 위험이 커진다.

정리하면 경제에 위기가 닥치면 채권과 주식은 가격이 폭락한 것을 눈으로 확인한 뒤 매수에 나설 수 있지만 환율은 폭등을 예상하고 미리 매수해야 하기 때문에 채권과 주식에 비해 위험이 클 수밖에 없다는 뜻이다.

- 주가 폭락 → 주식 매수 → 기다림 → 주가 상승 → 주식 매도
- 금리 폭등(채권 가격 폭락) → 채권 매수 → 기다림 → 금리 하락(채권 가격 상승) → 채권 매도
- 환율 예측 → 달러 매수 → 기다림 → 환율 폭등 → 달러 매도

투자 지침서 작성의 예

구분		경제위기 발생 시 투자 전략
자산 배분 비율	채권	50%
	주식	50%
채권	매수 시기	• 금리가 경제위기 이전보다 30% 이상 오르면 매수 시작 • 보름 간격으로 6회 분할 매수
	매도 시기	• 만기일까지 보유 • 금리가 경제위기 이전의 수준으로 떨어지면 분할 매도
	종목 선택	• 만기가 2년 이상 남은 국공채 또는 A등급 이상의 회사채 • 은행의 특판 정기예금
주식	매수 시기	• 코스피지수가 경제위기 이전보다 30% 이상 떨어지면 매수 시작 • 한 달 간격으로 6회 분할 매수
	매도 시기	• 코스피지수가 경제위기 이전의 지수를 회복하면 분할 매도 • 매수 종료 후 24개월이 경과하면 수익률에 상관없이 분할 매도
	종목 선택	• 성과와 위험관리가 우수한 주식형펀드 • 코스피200지수를 추종하는 인덱스펀드, ETF 등

기회자금 마련,
오늘부터
시작하라

종잣돈을 모으기 위한
4단계 전략

경제에 위기가 닥칠 때 그 안에 숨은 부자의 기회를 발견하려면 경제 및 투자에 관한 지식이 필요하다. 그렇다고 해서 대단히 많고 깊은 지식이 필요한 건 아니기 때문에 지금껏 내가 이야기한 내용만 이해한다면 부자의 기회를 알아보는 데 부족함이 없을 것이다. 하지만 기회가 찾아오더라도 정작 투자할 돈이 없으면 그것을 잡을 수 없기 때문에 지금부터 매월 소득의 일부를 떼어내 장기간에 걸쳐 기회자금을 만들어둘 필요가 있다.

이를 위해 올라야 할 첫 번째 계단은 땀 흘려 번 돈을 계획적으로 소비하는 것이다. 매월 지출 예산을 정하여 계획적으로 소비하면 새거나 불필요하게 낭비되는 돈이 줄기 때문에 그만큼 기회자금 마련을 위한 여건을 갖추기가 수월해진다. 그리고 예기치 못한 일로 인해 예산을 초과해서 지출해야 하는 경우가 생길 것에 대비해 비상금 성격의 예비자금을 마련해둘 필요가 있다. 그 다음 올라야 할 두 번째 계단은 보장성 보험에 가입하는 것이다. 보장성 보험이란 질병, 상해, 사망 등의 신체 사고가 생겼을 때 보험금을 지급하는 보험 상품을 말한다. 그런 일이 없어야겠지만 만에 하나 중대한 신체 사고가 생기면 그동안 저축한 돈의 상당량을, 또는 그 이상을 병원에 갖다 바치거나 생활비로 써버려야 한다. 그러면 그동안 애써 해온 노력이 허사가 될 수 있다. 투자를 할 때 위험을 관리해야 하듯이 경제활동을 하는 동안 신체 사고로 인해 생기는 재무적인 위험도 관리할 필요가 있으며 완벽하진 않더라도 보장성 보험이 그 역할을 해줄 수 있다. 그 다음 세 번째 계단은 연금 상품, 주택청약종합저축 등에 가입해 노후 대비, 내 집 마련 등 중요한 재무 목표를 달성하는 데 필요한 준비를 병행하는 것이다.

결론적으로 위와 같은 필수적인 준비에 우선순위를 두고 나서 남는 여윳돈으로 기회자금을 마련하는 게 바람직하다. 다른 중요한 일들을 무작정 뒤로 미룬 채 기회자금 마련에만 몰입하는 것은 결코 바람직하지 않다. 매월 생기는 여유자금이 적더라도 실망할 필요가 없다. 적은 돈을 오랜 기간 동안 쌓고 묵히다 보면 목돈이 된다. 그렇게 모은 알토란 같은 목돈이 자산의 크기를 도약시킬 수 있는 기회자금이 될 것이다.

기회자금 마련을 위한 4단계

기회자금 마련

▲

인생의 재무 목표를 달성하기 위한 자금

▲

보장성 보험

계획적인 소비, 여유자금 확보

과거 우리나라 경기의 순환 주기는 평균 49개월이었고 경제위기, 즉 부자의 기회는 약 10년 주기로 찾아왔다(우연의 일치인지 모르겠으나 이는 주글라 순환 주기와 일치한다). 기회자금을 활용한 자산의 축적은 한두 해에 끝나는 이벤트가 아니다. 지금 당장 기회자금 마련을 위해 떼어둘 수 있는 여윳돈의 액수가 적다고 실망하지 말고 그 돈이 모이고 쌓여 10년이 지나고 20년이 지나면 얼마큼 크게 자라게 될지를 생각해야 한다. 여윳돈의 크기보다 더 중요한 것은 바로 오늘부터 당장 기회자금 마련을 시작하는 것이다.

기회자금 마련은 은행의 정기적금으로 시작하라. 최근 저금리 추세로 인해 금리가 형편없이 낮지만 은행의 적금만큼 정직한 금융 상품은 없다. 왜냐하면 적금은 큰 이익도, 손해도 없이 정확히 내가 노력한 만큼만 과실을 돌려주기 때문이다.

1년 만기 적금에 가입해 매월 소득의 일부를 납입하고 만기가 되면 만기 금액을 전부 1년 만기 정기예금에 묶어둔 뒤 새롭게 1년 만기 적금에 매월 납입하는 행위를 해마다 반복하라. 그리고 경제에 위기가 닥쳐 주가가 급락하고 금리가 급등하기 시작하면 기회자금으로 사용할 적금과 예금의 만기 금액을 전부 증권사의 CMA 통장에 입금한 뒤 채권과 주식의 적절한 매수 타이밍을 잡기 위해 기다리면 된다.

그리고 당신이 스스로 작성한 투자 지침서에 따라 원칙을 지키며 투자한다면 분명히 만족할 만한 성과가 생길 것이다. 기회자금 마련을 위해 효과적으로 돈을 관리하는 방법과 목돈 마련에 관해 보다 구체적인 도움이 필요하다면 나의 저서 《4개의 통장》과 《나는 3개의 카드로 목돈을 만든다》의 일독을 권한다. 계획적으로 돈을 관리하면서 기회자금을 만드는 데 많은 도움이 될 것이다.

그리고 오늘이라도 당장 증권사에 방문하여 계좌를 개설하고 소액으로 채권, 주식, 펀드 등의 매매 방법을 익혀두기 바란다. 기회는 준비된 사람에게만 허락된다는 사실을 잊지 말고 때가 오기 전에 미리 리허설을 해둘 필요가 있다.

1997년 우리나라가 IMF에 구제금융을 신청했을 때 나는 대학 졸업 반이었다. 그 당시 신문과 뉴스에서는 연일 외환위기에 관한 비관적인 소식을 전해왔지만 나는 왜 우리나라에서 외환위기가 발생했는지, 그리고 그것이 우리 경제에 어떤 악영향을 미치는지 아는 바가 전혀 없었다. 사실 공대생이었던 나는 경제에 관해서는 관심조차 없었다.

대학을 졸업한 뒤 금융업에 종사하면서 경제에 관해 듣고 보는 게 많아지다 보니 자연스럽게 경제에 관심을 갖게 됐고 지금껏 여러 분야의 경제 도서를 읽으며 공부해왔다. 그 과정에서 IMF 외환위기가 우리나라의 역사에 길이 남을 만큼 심각한 경제위기였다는 사실을 알게 되었다. 그뿐 아니라 그것을 거꾸로 뒤집어보면 역사적인 부자의 기회였다는 사실도 알게 되었다.

그러던 중 2007년 미국의 서브프라임모기지 부실 사태에서 비롯된 글로벌 금융위기가 발생했다. 신문과 뉴스에서는 100년에 한 번 올까 말까 한 경제위기라며 연일 비관적인 소식을 전해왔다. 주가는 폭락했

233

고 금리와 환율은 폭등했다. 그 과정에서 재테크에 나섰던 많은 사람이 돈을 잃고 아우성쳤다.

나는 그 모습을 보면서 1997년 외환위기 때를 떠올리지 않을 수 없었다. 주가, 금리, 환율 등의 변동 추세는 물론, 많은 사람들의 아우성과 언론의 보도 행태 역시 10년 전 외환위기 때와 판박이처럼 닮은 모습이었기 때문이다. 그래서 나는 이번의 금융위기도 IMF 외환위기 때처럼 부자의 기회가 될 것이라는 생각을 갖고 금리가 폭등한 뒤 국채의 일종인 국민주택1종채권을 매수했으며 주식형 펀드의 투자 비중을 늘렸다. 하지만 솔직히 말하면 당시 위기가 곧 기회라는 확신보다 두려움이 더 컸던 게 사실이다. 결국 애초에 투자하려고 마음먹었던 돈을 전부 투자하지는 못했다. 이후 시간이 지나면서 반 토막이 났던 코스피지수가 다시 2000선을 회복하고 폭등했던 금리가 위기 이전의 수준으로 떨어지는 것을 지켜보면서 이번의 금융위기 역시 10년 전 외환위기 때와 마찬가지로 부자의 기회였다는 사실을 확인할 수 있었다. 이로써 경제위기가 곧 부자의 기회가 된다는 생각을 가설에서 확신으로 바꿀 수 있었으며 향후 다시 오게 될 기회를 제대로 잡기 위해 적금통장을 만들고 기회자금 마련을 시작했다.

사실 불확실성이 큰 경제 현상에 대해 확신을 갖는다는 건 매우 위험한 발상일 수 있다. 그것을 너무 잘 알기 때문에 나는 지금까지 10년 넘게 돈과 관련된 컨설팅을 해오면서 투자에 관해서는 사람들에게 '확실히', '분명히'와 같은 확정적인 표현을 사용해본 기억이 없다. 그래서 이 책의 집필을 주저했던 게 사실이다.

하지만 독자에게 앞으로 또다시 우리 경제에 위기가 닥칠 때 금융시장에서 일어날 현상과 현상의 원리를 핵심만 뽑아내 이해하기 쉽게 알려준다면 설령 위기를 기회로까지 활용하진 못하더라도 독자들이 재테크를 하면서 눈 뜨고 코 베이듯 돈을 잃게 되는 상황은 막을 수 있지 않을까 생각했다. 그리고 그것만으로도 책으로서의 가치가 충분히 있다고 판단하니 용기를 내어 집필을 시작할 수 있었다. 이 책을 읽은 모든 독자가 향후 우리나라에 또다시 경제위기가 닥칠 때 땀 흘려 번 소중한 돈을 잃기 보단, 위기를 기회로 활용할 수 있기를 바란다.

경제지식이 부자를 만든다

2016년 11월 7일 초판 1쇄 발행

지은이 고경호
펴낸이 김남길
펴낸곳 프레너미
등록번호 제387-251002015000054호
등록일자 2015년 6월 22일
주소 경기도 부천시 원미구 계남로 144, 532동 1301호
전화 070-8817-5359
팩스 02-6919-1444
ISBN 979-11-87383-03-1 03320

프레너미는 친구를 뜻하는 "프렌드(friend)"와 적(敵)을 의미하는 "에너미(enemy)"를 결합해 만든 말입니다.
급변하는 세상속에서 저자, 출판사 그리고 콘텐츠를 만들고 소비하는 모든 주체가 서로 협업하고 공유하고 경쟁해야 한다는
뜻을 가지고 있습니다.
프레너미는 독자를 위한 책, 독자가 원하는 책, 독자가 읽으면 유익한 책을 만듭니다.
프레너미는 독자 여러분의 책에 관한 제안, 의견, 원고를 소중히 생각합니다.
다양한 제안이나 원고를 책으로 엮기 원하시는 분은 frenemy01@naver.com으로 보내주세요.
원고가 책으로 엮이고 독자에게 알려져 빛날 수 있게 되기를 희망합니다.